谨以此书献给
在湖北武汉召开的第三届世界数字教育大会!

争创数字化转型标杆大学
——武汉理工大学的探索与实践

杨宗凯 等 著

武汉理工大学出版社
·武 汉·

图书在版编目(CIP)数据

争创数字化转型标杆大学:武汉理工大学的探索与实践 / 杨宗凯等著.
武汉:武汉理工大学出版社,2025.5(2025.9重印). -- ISBN 978-7-5629-7397-3

Ⅰ.G649.21-39

中国国家版本馆CIP数据核字第2025D4E651号

项目负责人	: 张青敏　雷红娟	责任编辑	: 雷红娟
责 任 校 对	: 张明华	版面设计	: 许伶俐

出 版 发 行:武汉理工大学出版社
网　　　　址:http://www.wutp.com.cn
地　　　　址:武汉市洪山区珞狮路122号
邮　　　　编:430070
印　刷　者:湖北金港彩印有限公司
发　行　者:各地新华书店
开　　　　本:710mm×1000mm　1/16
印　　　　张:12.75
字　　　　数:201千字
版　　　　次:2025年5月第1版
印　　　　次:2025年9月第4次印刷
定　　　　价:98.00元

凡购本书,如有缺页、倒页、脱页等印装质量问题,请向出版社发行部调换。
本社购书热线电话:027-87391631　87523148　87165708(传真)

·版权所有,盗版必究·

本书编写成员

杨宗凯　孟芳兵　李潮欣　李志峰
沈华东　关帅锋　马　斌　马加名
向永坤

前言

习近平总书记强调:"教育数字化是我国开辟教育发展新赛道和塑造教育发展新优势的重要突破口。"教育部于2022年启动实施国家教育数字化战略行动,秉持"联结（Connection）为先、内容（Content）为本、合作（Cooperation）为要"的"3C"发展理念,聚焦"集成化（Integrated）、智能化（Intelligent）、国际化（International）"的"3I"战略行动,全面推进教育数字化转型。

武汉理工大学积极响应国家战略,快速制定《武汉理工大学教育数字化战略行动实施纲要（2022—2025）》,并将"建设数字化转型标杆大学"写入学校第四次党代会报告,同步列入学校第二个中长期发展规划进行重点谋篇布局。三年来,学校牢牢遵循"党建引领、数据驱动、协同共享、提质增效"十六字工作方针,坚持以最大的决心、最快的行动、最高的标准和最优的成效,系统性、纵深化推进教育数字化从"转换"向"转型"跃升、向"智慧"迈进。

站在新的起点,回望三年多的奋斗征程,学校锚定"常高常新、更高更新"的工作标准,践行"人无我有、人有我先、人先我优"的价值追求,敢为人先、砥砺奋进,用实干和担当奋力争创数字化转型标杆大学。学校率先建成了首个未来学习中心、首个数据总量超35亿条的大数据中心、首个"AI校长助理"、首个"'材料+'学科大模型""智慧纪检"等一系列创新应用。学校创新推动了"知识+数据"双驱动的智课平台并首次对其进行大规模推广应用,智能运行中心（IOC）首次实体化运行,面向事业、人员、物理和网络"四大空间"的"AI校长助理"首次重构现代大学数智治理体系,审核评估试点首创"全程线上不入校"等一系列典型实践。学校还创新打造了 AI 巡课、数字画像、智慧学工、全域数据感知、"三可一有"大安全态势感知分析、理工百事通等一系列引领示范应用。在此基础上，学校争当高等教育数字化转型的开拓者和排头兵，紧密围绕教、学、研、管、评等全领域开展全方位、全环节、系统性变革，学校教育数字化"新赛道"成效显著。

围绕改变教，打造"知识为基、能力为重"的教育新生态。资源总量同两年前相比增长 256%。混合式课堂比例达 81%，翻转课堂比例达 22%。深化教师育人改革，育人力量下沉学生社区人次数提升 30%。学生综合能力和竞争力显著提升，毕业生就业率保持在 95% 以上。

围绕改变学，构建"自主学习、管理、服务"学习新模式。创新双师、双空间、双院、双融合、双证书等"五双"模式。学校积极推进本研一体化培养模式改革，举办"3S"大赛系列活动，聚焦提升学生的数字素养和创新实践能力，部分学生原创数字化应用已经顺利被孵化，并在全校推广应用。学校在 2023 年全国普通高校大学生竞赛榜单（本科）中位列全国第四。建设材料学科首个教育专属"大模型"（GEST），该大模型作为首批学科大模型发布上线，并入选教育部"人工智能+教育"典型案例。

围绕改变研，激活"方法创新、模式重构"科研升维新引擎。牢牢立足材料、交通、汽车等传统优势学科，面向国家战略需求，着力推进电子信息材料、新能源材料等领域转型升级，并将研发的新型材料与信息产业融合，通过"材料+信息"转型策略推动产业数字化。学校也注重将信息技术反作用于材料领域。比如，学校的数字骨料新技术实现混凝土全生命周期管理。同时还面向智能交通、网联汽车等领域寻求技术突破，并围绕数字人文、数字伦理开展研究探索，不断为传统优势学科注入发展动能，全面推动产业数字化。学校构建了基于大数据的科研画像与智能推荐系统，针对重大项目培育、虚拟团队组建、科技成果转化、产学研合作、科研基地申报等重点场景开展"一键式"科研智能推荐，实现有组织、有靶向、有协同的科学研究，助力省部级科研平台数增长率超 150%，科研经费年增长率超 25%。

围绕改变管，打造"扁平化、精准化、透明化"大学治理新体系。实体化运行学校智能运行中心，创新打造事业、人员、物理和网络"四大空间"智能驾驶舱协同矩阵。依托红绿灯预警模型与智能体技术，实现"一舱统管四域、一键闭环全链"的治理新生态，推动治理模式从"职能分治"向"四域共治"融合转型。2024年，学校管理人员缩减5.8%。学校高质量发展核心指标完成率从2023年的87%提升至2024年的93%。

围绕改变评，探索"人技结合、数据驱动"综合改革新路径。通过技术赋能，实施"定编、定岗、定责、定薪"人事"四定"工作，精准精细破"五唯"，学校教师"一人一策"比例达93%。职称评审、年终总结等重点工作全是数据驱动和自动生成的，全力为教师松绑减负，让其专注地从事教学科研。围绕数智评价，通过伴随式采集数据，学校成为首个"全程线上不入校"审核评估试点高校，"无感式"评估模式为深化教育评价改革提供了新的思路，形成了示范效应。

围绕办学国际化，学校积极拓展国际化人才培养新格局，与新加坡和澳大利亚等国家的高校合作建设海外学生实践基地，与10所海外知名高校实现学分互认。开设暑期卓越学堂，加强高水平的国际合作和开放交流。学校抢抓2025年世界数字教育大会在汉召开的历史机遇，积极承办"人工智能赋能STEM教育"等2个平行论坛和7个分论坛。大会将云集200多位世界高水平科学家、教育家和管理学家，教育、科技、人才一体推进，学校借此机会不断扩大对外合作"朋友圈"和影响力。

学校在新赛道上克难奋进，以数字化转型"理论+实践"双引领助推学校事业发展提质增效。广大师生的满意度显著提升，师生服务热线满意度100%，校友满意度超过98%。学校的社会贡献度显著提升，2023年获国家科学技术奖5项，其中作为第一完成单位3项，获湖北省科学技术奖34项，创历史新高。学校教育数字化典型做法入选《世界高等教育数字化发展报告（2023）》。学校承办了教育部首次全国教育数字化现场推进会，先后有教育部有关司局、部分省级教育主管部门和清华大学、复旦大学等1000余家单位共计16000余人次来校调研交流。学校在全国、全省大会上报告交流教育数字化工作近30场次，示范引领作用持续凸显。

迈入智慧教育元年，教育部发布《教育强国建设规划纲要（2024—2035年)》和教育强国建设三年行动计划，启动实施国家教育数字化战略行动2.0，教育部等九部门联合印发了《关于加快推进教育数字化的意见》，对未来一个阶段推进教育数字化进行了全面部署，推动我国教育数字化事业不断迈向新高度。学校将立足新阶段、运用新标准、构筑新路径，持续推动未来学校、未来课堂、未来教师和未来学习中心的创新发展，持续抓好数智先导、头雁领航、场景驱动、前沿研究、对外开放等数字化转型重点工程，着力打造更有韧性、更加开放的高等教育生态，持续为教育强国建设贡献智慧和力量。

学校的数字化转型只是中国教育数字化转型的一个缩影，我们试图在系统梳理学术理论和实践经验的基础上，编写并出版《争创数字化转型标杆大学》一书，将珍珠串成项链，把辛劳转化为果实，把实践升华为案例。面向智能时代新阶段，以期通过本书为高校变革提供理论参考和实践观照，共同为教育强国建设贡献绵薄智慧和力量。

全书以教育数字化的相关理论为指引，遵循其内在规律、机制、逻辑，按照篇—章—节的立体框架行文，从顶层设计、新基建、应用为王、以人为本、机制保障等维度搭建了学校数字化转型的"四梁八柱"，全景式呈现了学校在数字化转型方面的实践经验和创新成果，展现了智能时代中国高校快速发展的蓬勃生机与强劲动力，以前瞻性视角描绘了中国高校在新时代背景下的改革蓝图，以期为高校及相关企业提供参考与启示。

全书凝聚了一大批教育工作者、技术专家、管理者的智慧结晶。在此，向给予本书支持和贡献的各级领导，多年来默默奋斗与付出的广大一线工作者，表达最诚挚的感谢和崇高的敬意。由于成书时间较为紧迫，本书在编写过程中难免存在诸多不足之处。在此，我们诚恳地希望广大读者能够提出宝贵的意见和建议，以便我们在再版时进行优化完善，使本书能够更好地服务于智能时代高校变革的伟大事业。

2025 年 5 月

目录
CONTENTS

第一篇　谋篇布局：开启教育发展新赛道

第一章　战略与行动 / 2

　第一节　教育数字化是一项复杂的系统工程 / 2

　　一、什么是教育数字化 / 2

　　二、教育数字化转型的历史进程 / 4

　　三、教育数字化转型的六大支柱 / 6

　　四、教育数字化转型的科学方法 / 9

　第二节　奋力书写数字化转型标杆大学新篇章 / 11

　　一、定位：争创数字化转型标杆大学 / 11

　　二、定标：提出高校数字化变革新标准 / 15

　　三、定法：实现数字化转型的系统重塑 / 19

　第三节　持续夯实数字化转型内驱文化 / 25

　　一、厚植"重视教学、崇尚创新"的教育文化 / 25

　　二、创新"人人发力、高速运行"的动车文化 / 26

　　三、塑造"人技结合、虚实融通"的数字文化 / 27

第二篇　新基建：夯实教育数字化转型底座

第二章　全面夯实数字化转型的"四大要素" / 30

　第一节　算力基础设施扩容增效 / 30

　　一、规模化扩容：从基础保障到前沿支撑的跨越式发展 / 30

　　二、精细化管理：算力资源的高效调度与智能配置 / 31

　　三、差异化创新：特色算力布局的技术突破 / 32

第二节 网络保障能力提档升级 / 32
    一、全域覆盖:打造高速稳定的网络基础设施 / 33
    二、精准改造:重点场所网络环境质效双提升 / 34
    三、智慧运维:数据驱动的网络建设新模式 / 35

第三节 数据治理体系垒台筑基 / 35
    一、构建数据驱动大学治理指数模型 / 36
    二、健全数据标准体系 / 37
    三、重塑数据资源架构 / 37
    四、强化数据质量管控 / 39

第四节 平台终端建设升级扩面 / 39
    一、基础环境全面改善 / 39
    二、服务能力全面提升 / 40

第三章 科学构建数字底座支撑的"三大体系" / 42

第一节 聚焦"大数据",提升感知分析预警能力 / 42
    一、集成化建设全域感知平台 / 42
    二、系统性构建数据交换枢纽 / 44
    三、深化外部数据协同 / 45

第二节 建好"大平台",优化数据驱动支撑体系 / 45
    一、教育教学大平台:"知识+数据"双驱动理工智课平台 / 46
    二、学校治理大平台:"三级链接"立体化数据驾驶舱 / 49
    三、运行监测大平台:"五个一"协同联动运行机制 / 52

第三节 构建"大模型",加快推动人工智能赋能 / 54
    一、构建"技术驱动+伦理约束"双轨机制 / 54
    二、实施人工智能赋能教育行动"1+1+N"计划 / 55
    三、快速推进 DeepSeek 大模型本地部署 / 55
    四、打造首个"材料+"专属大模型 / 55
    五、打造现代大学治理智能体矩阵 / 56

第四章 系统筑牢数字化转型的"安全防线" / 59

第一节 网络与数护安全防护 / 59
一、网络安全防护 / 59

二、数据安全防护 / 60

第二节 信息安全与综合防护 / 60
一、信息安全防护 / 60

二、综合防护手段 / 61

第三篇 应用为王：全域数字赋能提质增效

第五章 数字赋能教育教学创新 / 64

第一节 重塑数智时代人才培养新标准 / 64
一、重构人才培养质量新标准 / 64

二、重构学生综合能力标准 / 66

三、AI 赋能教学质量新评价 / 67

四、学生画像实现评价增值 / 69

第二节 激活知识数据双驱动的新动能 / 70
一、赋能混合式教学与翻转课堂常态化开展 / 70

二、赋能智慧教学实践 / 72

三、数据驱动教学闭环管理 / 74

第三节 变革数智化人才培养新模式 / 74
一、创新人才培养模式 / 74

二、数字赋能学习场景模式 / 76

三、基于 XR 的数字实验新模式 / 78

第四节 构建数智化教育新体系 / 80
一、打造数智化教育新环境 / 80

二、重构教学内容与课程体系 / 81

三、创新"教"与"育"结构性调整 / 82

四、重塑教师角色与发展路径 / 82

五、重构教育教学质量保障体系 / 83

第五节　根植数智化育人新文化 / 84

　　一、新理念、新行动赋能数字文化建设 / 84

　　二、新生迎新场景数字化重构 / 84

　　三、开学典礼、毕业典礼智慧化升级 / 85

　　四、学生社区数字化创新实践 / 85

　　五、书院制凸显学校特色育人文化 / 86

　　六、创新开展"3S"大赛 / 86

第六节　释放教育教学数字化新效能 / 88

　　一、构建时时处处可学的新型生态 / 88

　　二、数字技术赋能全学段全过程评价 / 88

　　三、学生的社会竞争力和创新创业能力显著提升 / 88

　　四、数字赋能标志性成果高密度"慧"聚理工 / 89

第六章　数字赋能科学研究创新 / 90

第一节　数字赋能传统科研转型升级 / 90

　　一、围绕"存量"和"增量"，推动传统科研变革 / 90

　　二、推进科研系统建设，完善数字治理体系 / 91

第二节　大数据画像助力有组织科研 / 94

　　一、科研画像支撑辅助科学决策 / 94

　　二、"材料+"大模型反哺教育教学 / 95

　　三、学科画像实现学科闭环管理 / 97

　　四、理工知链打通成果转化智慧大脑 / 97

第三节　AI 科研助手助力科研效率提升 / 98

　　一、实现自科、社科基金申报有效管理 / 99

　　二、为人才项目与科技奖项申报提供多维指标 / 99

　　三、为科研对接和成果转化提供个性化服务 / 100

第七章　数字赋能现代大学治理 / 101

第一节　一体连接现代大学治理的"四大空间" / 101

　　一、四维空间治理体系的构建逻辑 / 101

　　二、数据驱动的空间治理实践 / 102

　　三、治理效能的范式突破 / 102

第二节　立体打造支撑现代大学治理的"三级数舱" / 103

一、创新实施过程管理"红绿灯"计划 / 103

二、数智赋能协同治理模式革新 / 105

三、"三级数舱"驱动数字化转型 / 105

第三节　创新打造现代大学治理智能体矩阵 / 106

一、现代大学数智治理路径探索 / 106

二、AI校长助理2.0赋能现代大学治理 / 107

第四节　数字赋能国际化工作创新升级 / 109

一、构建外事管理数智化新体系 / 110

二、数据贯通与服务创新 / 111

三、打造国际化战略支撑新标杆 / 112

第五节　协同构建数智化大保障综合管理体系 / 112

一、数字赋能资金执行统筹与调度 / 113

二、基于年度考核与经费使用的绩效评价 / 114

三、建设公房信息系统 / 114

四、智慧能源管理变革 / 115

五、数字赋能采招工作提质增效 / 116

第六节　建立发展质量保障体系 / 117

一、质量评估的组织与管理 / 117

二、质量评估的内涵与形式 / 117

第七节　建立目标责任考核机制 / 118

一、目标责任制考核改革背景 / 118

二、目标责任制考核文件修订 / 119

三、建立全数据驱动的目标责任制考核管理平台 / 120

四、推进数据协同共享 / 122

五、全周期单位画像 / 122

六、实现降本增效 / 123

第八章　数字赋能服务质效提升 / 124

第一节　后勤保障服务提升师生"三感一度" / 124

一、全面提升后勤服务质量 / 124

二、实现校园综合服务全覆盖 / 125

三、支持决策制定和业务优化 / 125

第二节　数智图档服务优化升级 / 126
一、全域感知智慧空间：数据驱动服务优化 / 126
二、全流程智能化改造：技术赋能服务升级 / 127
三、多维价值闭环：数据驱动服务成效显著 / 127
四、本地化部署档案 AI 大模型及其工具链 / 127
五、实现校史文化数字化传播 / 128

第三节　社会服务持续释放"数字红利" / 128
一、数字赋能提升资源拓展和服务社会能力 / 129
二、智慧化生态链接服务广大校友 / 129

第四篇　以师为先：人技结合牵引综合改革

第九章　全面推动"四定"改革　激发内生动力 / 134

第一节　人技结合　让每个教师都出彩 / 135
一、人岗相适，畅通职业发展通道 / 135
二、责任到人，实施有组织的教学科研 / 136
三、多劳多得，激发干事创业内生动力 / 137

第二节　数字赋能　推动人事管理服务升级 / 138
一、数字化理念推动管理职能转变 / 138
二、数字化技术推动管理模式变革 / 139
三、数字化水平保障服务效能提升 / 140

第三节　数据赋能四个聚焦　提升教师党建和思想政治工作质量 / 142
一、聚焦"融"字，完善工作机制 / 142
二、聚焦"实"字，压实工作主体责任 / 143
三、聚焦"细"字，细分群体强化政治把关 / 144
四、聚焦"评"字，形成多维立体数字化评价方案 / 144

第十章　能力为重　提升全员数字素养 / 145

第一节　提升全员数字素养与能力 / 145

一、提升领导干部数字化领导力 / 145

　　二、提升教职工的数字化应用力 / 146

　　三、构建人机协同人技结合新生态 / 147

第二节　数字适应力提升的具体举措 / 147

　　一、引进入口：构建科学的数字素养招聘标准 / 147

　　二、岗前培训：强化数字能力培养，提高工作适应力 / 148

　　三、日常培育：数字感知培育促进业务发展 / 149

第三节　数字"画像"体系个性化激发内生动力 / 151

　　一、教师画像推动多维评价 / 151

　　二、干部画像激发改革动力 / 154

第五篇　机制保障：数字化转型的生态体系

第十一章　系统构建数字化转型的保障机制 / 158

第一节　数字化转型的制度保障 / 158

　　一、加强制度统筹规划 / 158

　　二、制定系列标准制度 / 159

　　三、优化规章制度库建设 / 160

第二节　党建业务融合的保障机制 / 161

　　一、建设"智慧纪检"系统 / 161

　　二、建设舆情信息系统 / 163

第三节　可持续发展的财力保障 / 164

　　一、抢抓重大政策机遇，释放政策集成效应 / 164

　　二、积极对接主管部门，实现事业收入突破 / 165

　　三、完善资源共享机制，提高资源使用效益 / 165

　　四、拓展教育培训项目，拓宽社会投入渠道 / 165

　　五、创新社会引资机制，积极引导社会捐赠 / 165

　　六、完善科技创新机制，提高成果转化效能 / 166

　　七、建立财会监督机制，合理管控低效支出 / 166

第十二章　持续性完善引领新赛道的储能机制 / 167
第一节　构建"理论+实践"双驱动动力引擎 / 167
一、高水平理论文章指引发展航向 / 167
二、大平台交流研讨共享发展理念 / 168
三、高标准质量体系激发创新活力 / 168
第二节　立足宣传矩阵持续传递理工声音 / 169
一、智慧宣传系统智能体建设 / 169
二、数字化宣传矩阵全面构建 / 170
三、宣传工作精准定位，靶向发力 / 170
第三节　构建基于UGBS的协同赋能机制 / 172
一、校际协同促共享，跨域联动积动能 / 173
二、政校协同筑生态，区域共建促创新 / 174
三、校企协同攻技术，产教融合树标杆 / 174
四、学院协同强交叉，数字赋能启新篇 / 174

参考文献 / 176

附录1　数字图表 / 179

附录2　部分主流媒体报道 / 182

后记 / 187

第一篇

谋篇布局：
开启教育发展新赛道

数字抢占新赛道，蓝图绘就新征程。"理工何为"是武汉理工大学面向教育强国建设，要深刻思考和准确回答的命题。学校深刻把握教育发展的规律，锚定《教育强国建设规划纲要（2024—2035年）》目标要求，将教育数字化作为开辟教育发展新赛道的战略选择、构建高质量教育体系的战略支撑，以数字化转型为战略支点，全面赋能学校高质量发展，奋力打造"数字化转型标杆大学"。我们深知：谋篇布局者赢先机，唯有加快步伐，以全局思维统筹教育数字化的顶层设计，以系统重塑变革教育数字化的支撑体系，以实干精神推动教育数字化的具体实践，方能在高等教育变革浪潮中立潮头、开新局。

第一章　战略与行动

学校积极贯彻落实国家教育数字化战略行动，坚持同频共振，主动适应和把握数字变革历史机遇，乘势而上、顺势而为，纵深推进教育数字化转型，奋力建设数字化转型标杆大学。学校聚焦新一代信息技术，坚持以数字化转型赋能学校高质量发展，通过重塑育人方式、办学模式、管理体制、保障机制，开展系统性变革，着力打造无边界教育、无边界大学，努力实现理论和实践"双引领"。

第一节　教育数字化是一项复杂的系统工程

教育数字化的公平、全纳、开放、共享等优势，为解答教育如何更好地服务现代化、更好成就人的全面发展提供了全新路径。教育数字化转型本质上是一场触及教育本质的深层变革，必须深入理解数字化时代的教育生产方式和组织形态变革规律，尤其要准确把握其本质内涵和深层规律。

一、什么是教育数字化

教育数字化是利用数字化、网络化、智能化等新一代信息技术对教育进行系统性变革。教育数字化关键在于"化"，即通过对教育系统的流程再造、结构重组和文化重构，实现育人方式、办学模式、管理体制、保障机制的创新和系统性变革，构建新型的教育生态，实现更加公平、更高质量、终身化的教育和更加包容的全纳教育及更高水平的教育治理。推进教育数字化是一项系统工程，必须从"物"和"数"的层面实现普惠共享，才能助力学习者全面发展，实现"由不可能变为可能""由小能变成大能"。

教育数字化核心要素是"知识"和"数据"双驱动,其中数据是基础,协同共享是关键。数据驱动的目的在于因材施教,通过对学生进行大数据分析,发现学生的优点、特长,从而实施精准培养,促进个性发展。同时,还可以通过加强数据共享和平台间的数据交换,支撑构建更加互联互通、开放和共享的教育体系(图1-1)。

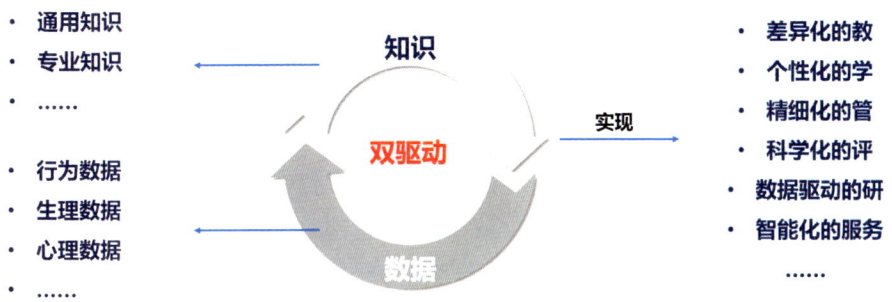

图 1-1 知识与数据双驱动模型

教育数字化承载着重要的价值和意义:一是更加公平的教育。教育数字化可以打破时空限制,促进更大规模的优质教育资源生成和共享,扩大各类教育资源的覆盖范围。二是更加高质量的教育。数字时代,学校应开展以学生发展为中心的教育教学活动,通过校校、家校合作,科教、产教融合,培养更加适合未来创新社会需要的人才。三是更加终身化的教育。教育数字赋能终身教育,能够满足社会大众多元化、个性化学习需求,实现真正意义上的人人皆学、处处能学、时时可学。四是更加包容的全纳教育。数字化可以为实现平等面向每个人的教育服务提供有力支撑。五是更高水平的教育治理。基于大数据、人工智能技术,可以为教育管理者提供高效可靠的数据驾驶舱,使精细化管理和科学决策成为可能,使面向师生的校园服务更加人性化、个性化,有利于达成教育治理体系、治理结构和治理能力的全面提升,促进教育治理现代化。教育数字化是加快建设教育强国的重要一环。高等教育作为教育强国建设的龙头,其数字化转型和发展,对走好中国式教育现代化道路和进行教育强国建设具有重要意义。

二、教育数字化转型的历史进程

高等教育数字化转型大致分为转化、转型和智慧三个阶段：第一个阶段即转化阶段，主要是将数字技术融入教育教学管理的各要素和各环节；第二个阶段即转型阶段，主要是进行重组和再造，对教育发展进行内生动力提升和内在结构转化，从工业化的支撑体系转到信息时代的动力结构；第三个阶段即智慧阶段，主要是全要素、全业务、全流程和全领域的深度变革，构建教育的新生态。这三个阶段和技术的导入与发展是高度吻合的，教育技术的生产力支撑和驱动了教育的变革：互联网乃至移动互联网阶段，基本为转化阶段；到大数据和人工智能阶段，开始进入转型阶段；随着元宇宙时代的到来，教育数字化将进入智慧阶段（图1-2）。

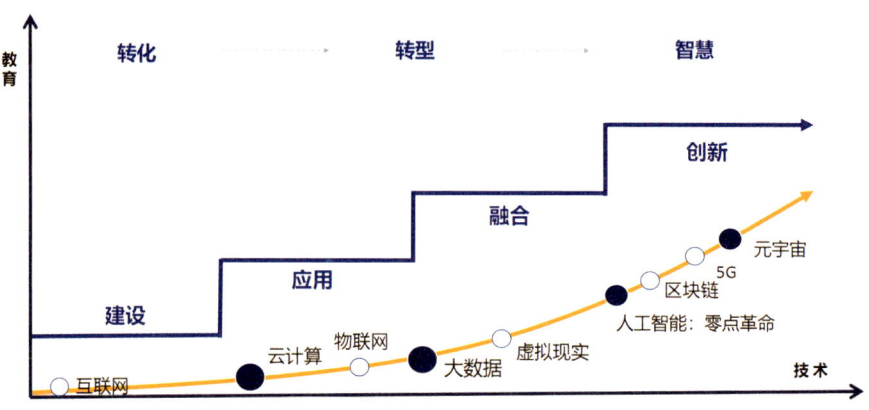

图 1-2　教育数字化的历史进程

学校坚持"党建引领、数据驱动、协同共享、提质增效"十六字方针，遵循"MEMS"工作法和"三干三效"①导向，深入实施数字赋能学校高质量发展战略行动（图1-3）。

---

① "三干三效"：三干指干什么、干成什么、干好什么，三效指效果、效率、效益。

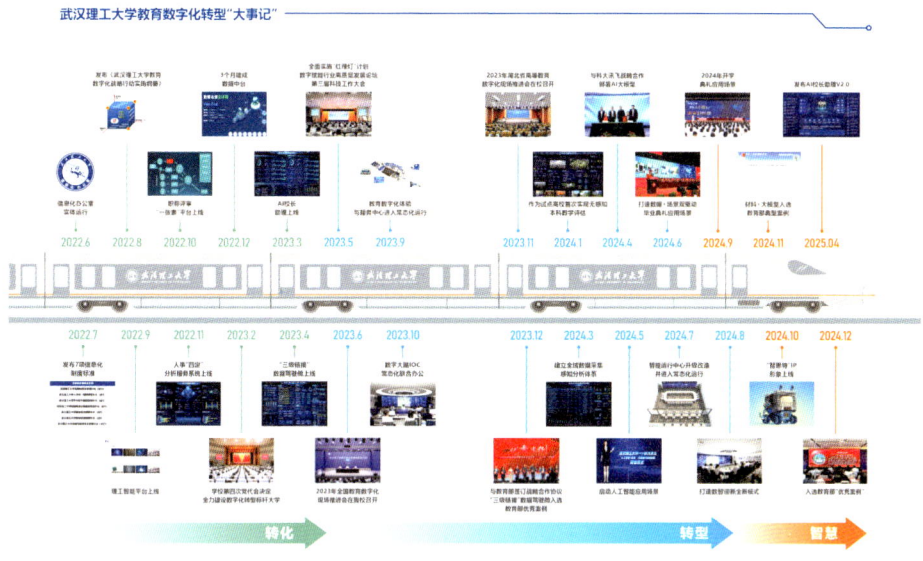

图 1-3　学校稳步推进数字化战略行动的重要脉络

在转化阶段，学校秉持"联结为先、内容为本、合作为要"的"3C"理念，坚持"应用为王、服务至上、简洁高效、安全运行"的要求，推动高等教育数字化变革走向深入。学校主要聚焦基础建设完善和优化，以及硬件与软件的逐步磨合，探索性地将数字技术整合并应用到教育领域，课程教学开始突破时间、空间限制，在物理和网络双融合空间里重新优化组合教学目标、内容、活动等核心要素。围绕学习者的需求，按照需求牵引、应用导向的原则，融合、更新和增建教育公共服务平台，汇集优质教育数字资源，创建新型教育数字资源库。

在转型阶段，学校积极贯彻落实"集成化、智能化、国际化"的"3I"理念，积极对接国家智慧教育平台、教育大数据中心、高校平台和企业资源平台。学校首先对基础设施与环境、教学与科研、管理与服务等进行数字化方式的转型；其次，运用数字化构建的各种场景赋能教学与人才培养过程；最后，对学校的组织形式、教学形式、服务形式、治理形式等进行数字化重塑和革新，着力通过数字化技术，实现教学适切化、服务定制化、管理智能化及治理现代化。同时，学校通过对教育数据的深度分析和价值挖掘，实现教育各要素、各环节的全面数字化转型。

进入智慧阶段，学校积极抢占智慧教育元年的先机，在科学认识和准确把握"新阶段、新标准、新路径"的"3N"方向基础上，积厚成势、行稳致远。学校将坚持深化以人工智能为代表的新兴数字技术在高等教育领域的应用，将人工智能深入融入学校办学治校各领域，为学校的教、学、管、研、评、服的数字化变革提供创新范式。同时学校将根据学习者的个体需求，优化教育资源配置，实现知识共享、快速创新和精细化管理，借助优质的数据资源和可信的算法，提升教育决策的有效性和效率。教育部在国家教育数字化战略行动2025年部署会上强调，要深入推动人工智能赋能教育变革，坚持智能向善，更好地拥抱和善加利用人工智能。下一步，学校将聚焦未来课堂创新、未来教师培育、未来学校建设，探索人机协同教学新范式，打造泛在智慧的学习新生态，探索建设元宇宙大学，持续为推动教育高质量发展贡献"理工样板"。

三、教育数字化转型的六大支柱

教育数字化发展有其自身规律，数字化转型要在认识规律的基础上搭建支撑体系。长期以来，教育界在推进数字化上开展了广泛且长期的探索。在2024年联合国未来峰会上，联合国教科文组织发布了《教育数字化转型的六大支柱：通用框架》报告，报告从系统的角度分解了教育数字化转型的基本组成部分，呈现了描述教育数字化转型大图景的通用框架。该框架的外层表示愿景，包括系统优先事项、目的和原则，意味着教育数字化转型的整个过程应由需求驱动，切合目的，以教育系统的具体优先事项为基础，并应符合以人为本、道德伦理、可持续发展和前瞻性要求的教育技术使用原则。内层包括六大支柱：协调与领导、连通性与基础设施、成本与可持续性、能力与文化、内容与解决方案、数据与证据（图1-4）。

图 1-4　UNESCO 发布的教育数字化转型六大支柱

协调与领导支柱评估治理结构和战略愿景在指导教育数字化转型方面的有效性。这一支柱提供了引导、管理和维持教育数字化转型工作所需的基础支撑，从而有效实现各级教育的优先事项。连通性与基础设施支柱聚焦支持数字教育所需技术类基础设施的可用性、可靠性和可访问性。这一支柱包括电力、互联网访问、硬件和设备、系统软件和服务以及学习空间的设计，确保所有学校都配备了促进数字学习所需的资源。成本与可持续性支柱评估教育数字化转型的财务方面，强调可持续的融资模式和资源管理。这一支柱包括评估数字教育计划正式预算的可用性、资金与战略优先事项保持一致以及实现长期可持续性的绿色解决方案。能力与文化支柱涉及教育利益相关者的数字素养、能力和技能，以及对教育数字化转型的态度。这一支柱评估学校在系统、机构和个人能力建设方面的努力，以便在教学、学习和其他教育过程中使用、创造和管理数字技术。内容与解决方案支柱考察数字学习材料、工具和平台的质量、开放性、可访问性、一致性和相关性等。这一支柱描述了数字解决方案如何定制学习和教学路径，以便更好地适应特定的学习需求和技术赋能的教学模式。数据与证据支柱关注服务和系统——包括教育管理信息系统和学习管理系统——用于收集、管理和利用各种数据类型，以支持向循证教育转型。这一支柱的核心理念是，数据与证据应该促进教育工作者、学习者、家长和各级领导者之间的合作，并且应在持续改进循环中使用，以便提高系统效率和效果，完善与数字化转型相关的教育战略和政策。

学校遵循数字化转型规律，基于通用框架的"六大支柱"，结合我国教育发展现状与本校实际情况，构建数字化转型的六大支柱整体架构，精心制定"教育强国，理工何为"三年行动计划，一体化、有效有序深入推进学校数字化转型（图1-5）。

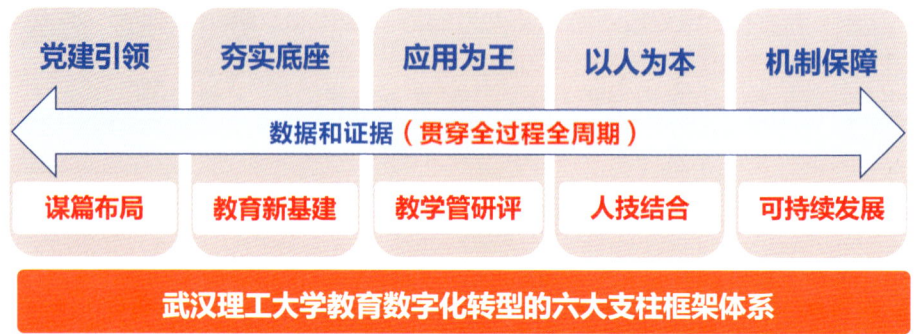

图1-5　武汉理工大学教育数字化转型的六大支柱框架体系

围绕"党建引领"这一支柱，学校主要聚焦做好建设教育数字化转型标杆大学的谋篇布局。面对纵深推进教育数字化这一重要而紧迫的时代命题，如何破题、解题，关键在于坚持党的领导。在学校党委的坚强领导和举旗定向下，学校紧跟国家教育数字化战略步伐，强化整体谋篇布局，不断强化组织和机制保障，坚持以高质量党建引领保障学校数字化转型纵深推进，以教育数字化推动和引领学校高质量发展，为建设数字化转型标杆大学筑牢坚强堡垒。

围绕"夯实底座"这一支柱，学校主要聚焦教育新型基础建设（简称"新基建"），持续强化支撑学校数字化转型的基础保障。教育新基建是促进教育数字转型与智能升级的重要牵引，学校围绕"云、网、数、端"，通过制度筑基、算力扩容、网络提速、数据治理、平台升级、安全防护等一系列扎实有效的举措，积极推进教育数字化基础设施建设，持续提升教育新基建水平，稳步推进"无处不在的连接、无处不在的感知、无处不在的计算"的智慧教育新型生态体系建设。

围绕"应用为王"这一支柱，学校主要聚焦"教、学、管、研、评"等持续深化数字赋能场景应用，着力实现全面提质增效。通过深入探索人工智能赋能育人方式、科研范式、办学模式、管理体制、保障机制等的迭代变革，不断创新转型路径，实现"人工智能+"的全面赋能，矢志将"小能变大能"，把"不可能变可能"，持续引领学校在数字化和智能化新赛道上实现变轨超车。

围绕"以人为本"这一支柱，学校将以人事制度为牵引的"人技结合综合改革"作为全面深化改革的"动力源"，持续向改革要活力、要动力。学校充分利用现代信息技术赋能，通过改变教育发展的动力结构，加快部门职能转换，深化"管办评"分离，推动管理重心下移，形成管理"闭环"。在管理优化方面，以"管理制度化、制度流程化、流程信息化"推动管理向"扁平化、精准化、透明化"转变。优化目标责任制考核指标体系，构建质量评估工作体系，完善、优化绩效考核体系，探索多元化用人方式，实现"一人一策""一生一策"，不断激发师生的内生动力，切实提高全校师生"三感一率"，促进人的全面、自由和个性化发展。

围绕"机制保障"这一支柱，学校积极拓宽教育服务的保障渠道，推动支撑保障机制从封闭、孤立走向开放、合作，着力营造可持续的教育数字化转型生态。教育数字化发展的每一步，都离不开人、财、物、制度、安全等各类保障协同发力。学校通过建立"政产研用"多方协同创新模式，发挥各自优势，推动教育数字化的可持续良性发展。学校还坚持以更高要求、更高标准、更高质量，构建数智融合的智慧校园一体化保障体系，确保学校教育数字化转型安全、健康、优质、高效和可持续发展。

学校持续强化"数据驱动、协同共享"的理念，将"基于数据和证据"和"系统汇报、数据说话"的理念贯穿数字化转型全周期全过程。学校高度重视数据作为基础性战略资源的重要作用，将数据和证据作为推进数字化转型的基础支柱，推动从"看数"向"问数"转变，充分激发数据活力，挖掘数据价值，实现提质增效。同时，学校还通过基于数据和证据的驾驶舱，实现对全校运行数据全面感知、决策分析统揽全局、综合调度一体联动、干预处置高效有序，推动实现学校治理扁平化、精准化、协同化、透明化，有效提升学校治理体系和治理能力现代化水平。

四、教育数字化转型的科学方法

数字化转型是一场系统性变革，需要强有力的组织保障和可持续的推进机制，通过多维度的组织架构重构与可持续机制设计，才能实现教育生态的深层次重构。在2024年全国教育工作会议上，教育部部长怀进鹏强调，要坚持试点先行，在方法上以试点推动抓落实，分析把握试点过程中的本质与核心问题，形成可复制可推广的解决方案，并创新性地提出了"MEMS工作法"，即促进有力有效行动的方式方法。所谓"MEMS工作法"，包括任务目标（Mission）、评价指标（Evaluation）、制度政策（Mechanism）、解决方案（Solution）四个部分。"MEMS工作法"关键在任务目标（Mission）的确立，重点在"EMS"的高效协同推进。"MEMS工作法"作为一种新的工作理念与方法，契合了当下教育数字化转型的发展现状和现实需求，是加快推进教育数字化转型的科学手段。

M（Mission）即教育数字化转型的任务目标。教育数字化的目标，就是要打造更加以人为本、更加开放共享、更加精准适切、更加公平、更加个性化、更加可持续高质量发展和更加终身化的教育，构建新型教育生态，为党和国家培养大批拔尖创新人才，源源不断地为教育强国建设注入新动能。E（Evaluation）即教育数字化转型的评价指标。教育数字化旨在通过数字技术手段，促进教育全要素、全业务、全领域和全流程的结构重组和组织再造，实现教育的系统性变革与全方位创新。M（Mechanism）即教育数字化转型的制度政策。党和国家高度重视教育数字化，在战略规划与行动实践层面出台一系列政策制度，特别在党的二十大报告中专门提出了推进教育数字化。S（Solution）即教育数字化转型的解决方案。针对上述建设目标、评价指标以及制度要求，教育部积极探索改革新模式，针对不同教育场景，提出和实施有针对性的解决方案，并形成可复制可推广的行动方案。

学校聚焦"MEMS工作法"，围绕"工作目标、标准指标、制度政策、推进措施"率先探索实践，着力构建"知识+数据"双驱动的育人模式，打造"物理+数字"双空间学习场域，以"数据说话、系统汇报"为重点，积极推动学校教育教学、科学研究、大学治理和评价改革等系统性变革，奋力书写教育数字化转型"武汉理工篇章"，积极示范引领高等教育数字化转型。

第二节　奋力书写数字化转型标杆大学新篇章

学校深度洞察科技进步催生教育领域的系统变革，紧密围绕立德树人根本任务，紧扣"3C"理念，聚焦"3I"行动，遵循"党建引领、数据驱动、协同共享、提质增效"方针，系统构建教育数字化战略行动纲要，精心制定并实施"教育强国，理工何为"三年行动计划，前瞻布局元宇宙大学建设，着力打造更有韧性、更加连接开放的教育生态，奋力争创数字化转型的标杆大学。

一、定位：争创数字化转型标杆大学

学校在推进数字化转型过程中，坚持将统一思想、汇聚合力作为"先手棋"和"主密钥"，把加强党的建设作为坚强保证，通过党建引领，举旗定向，凝聚共识。学校紧跟时代发展步伐，积极与国家教育数字化战略保持同频共振、步调一致，坚持以高质量党建引领高质量发展，不断打造教育数字化转型标杆大学的"理工范式"。

1. 强化党建引领凝心聚力

学校在国家教育数字化战略行动正式启动后，第一时间响应战略部署，在第四次党代会上，作出了全力建设数字化转型标杆大学战略部署，高位推进学校数字化转型工作。会议审议通过了《武汉理工大学第二个中长期发展战略规划》，其中明确指出，数字化转型战略是抢占教育现代化战略制高点的动力引擎，也是学校"变轨超车"的宝贵契机。学校要抢抓全球高等教育重塑机遇，加快教育数字化转型，重构学校办学的动力体系，深入推进数字化转型在人才培养、科学研究、社会服务、文化传承与创新、国际交流合作各领域各方面的综合改革，激活内生动力。加强组织重构、制度重塑、流程再造和数据赋能，打造数字资源丰沛完备、数字教育活力迸发、数字治理精准高效、数字文化繁荣向上、数字安全保障有力的发展路径，为特色鲜明的世界一流大学建设提供新动能（图1-6）。

图 1-6　中国共产党武汉理工大学第四次代表大会明确"全力建设数字化转型标杆大学"

《武汉理工大学第二个中长期发展战略规划》（图 1-7）明确要求加快教育新基建"云网数端"建设，系统推进数字化基础能力、数字化支撑能力建设和智慧化业务应用，打造学校教育数据大脑系统。推动"人技结合"的教育数字化转型，全力构建一流水平的数字化学习环境，搭建智慧学习社区，拓展智能化、交互式在线教育模式，着力营造"双空间""双师""双证""双院""双证书"育人模式。加速推进教学科研、管理服务等核心业务的数字化转型，开展基于大数据的教育治理分析，全面加强信息技术支撑学校改革发展的能力。强化需求牵引、开环建设、闭环管理，联合政府、企业等多方力量加快学校数字化转型，推动数字化从支撑保障向驱动引领转变，以数字化促进学校管理现代化。

2. 强化教育数字化转型顶层设计

学校发布《武汉理工大学教育数字化战略行动实施纲要(2022—2025)》，高标准设计了教育数字化战略行动的实施纲要，构建了学校数字化转型"1-3-4-10"框架体系（图 1-8）。按照把握新发展阶段、贯彻新发展理念、构建新发展格局的要求，紧密围绕落实立德树人根本任务，聚焦物理、数字、社交三大空间，一体化推进云、网、数、端四大要素建设。大力实施基础设

第一篇　谋篇布局：开启教育发展新赛道

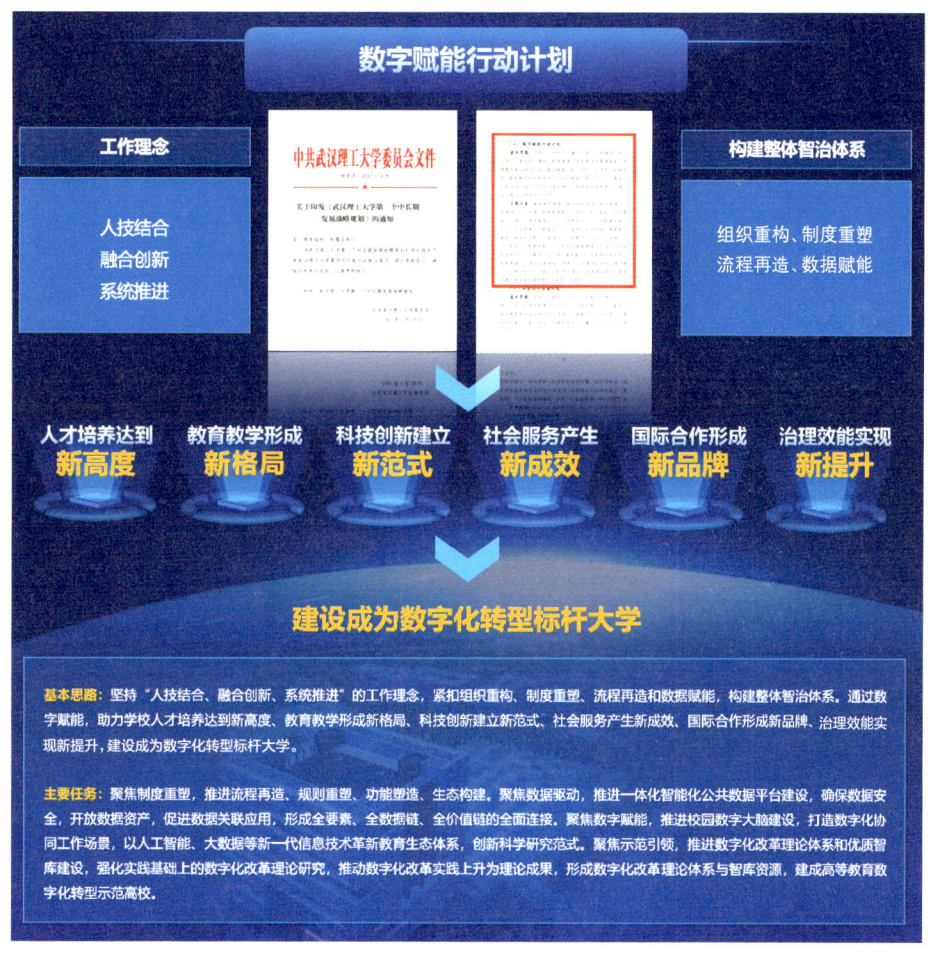

图 1-7　数字化转型战略列入学校第二个中长期发展战略规划

施升级、数字赋能筑基、公共平台支撑、创新应用拓展、管理服务提质、决策治理增智、一流学科助力、体制机制改革、队伍建设赋能、标杆示范创优等十大行动计划。在顶层设计的规划和引领之下，学校教育数字化转型逐步形成了"三位一体"的总体架构，包括业务架构、技术架构和数据架构。

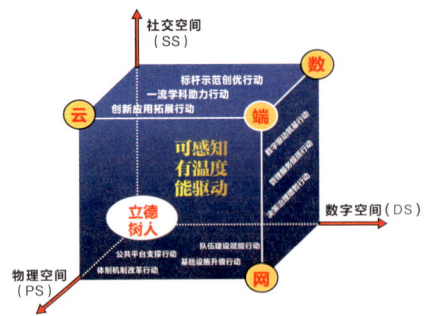

图 1-8　学校数字化转型"1-3-4-10"框架体系

为推动教育教学系统性变革，学校围绕数字赋能教育教学和人才培养高质量发展启动实施"5·30"高质量人才培养行动计划[①]（图1-9），以教育数字化为战略引擎，以新标准、新动能、新模式、新体系、新文化的"五新"计划为引领，以数字赋能、措施引导、管理保障等"三十条"具体行动为抓手，构建连接、开放、共享、个性化的人才培养新生态，培养堪当民族复兴重任的卓越拔尖人才。

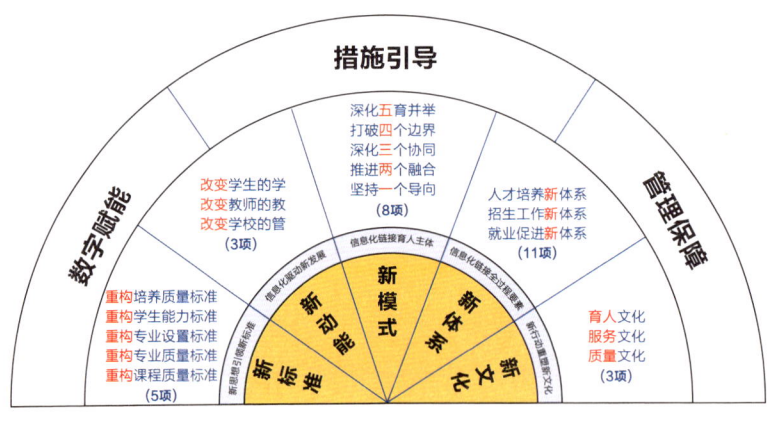

图 1-9　学校"5·30"行动计划框架图

---

①　"5·30"高质量人才培养行动计划是指学校于2022年5月召开高质量人才培养与招生就业大会时，会上公布的以"五新三十条"为主要内容的数字化教育教学改革综合方案，简称"5·30"行动计划。

学校每年将数字化转型全面融入党政工作要点和数字化工作要点,并通过人工智能辅助进行任务逐项分解,在教育数字化发展赛道上持续发挥引领力。学校还相继召开"数字赋能·智引未来"服务行业高质量发展论坛、"数字赋能科技·创新引领未来"第三届科技工作大会、校友会第三次会员代表大会、首届科技成果投融资峰会等多场重要会议,提升数字化转型在持续赋能人才培养、科学研究、社会服务、文化传承与创新、国际交流合作等方面的重要作用。

二、定标:提出高校数字化变革新标准

学校面对数字化浪潮,综合考量教育长远发展与现实需求、技术条件与物质基础,面向未来,围绕育人方式、办学模式、管理体制、保障机制四个维度提出了高校数字化变革的新标准,并进行有效探索与实践,实现理论和实践的"双引领",持续贡献数字化转型的"理工标准"和"理工方案"(图1-10)。

图1-10 提出高校数字化变革新标准的理论架构

1. 办学新环境。学校面向智能时代的教育变革,重新定义更加连接、开放、共享、无边界的办学模式,打造办学模式新标准,着力构建全面、自由、个性化发展的教育生态,并通过网络、大数据、人工智能等加强沟通联络,不断拓展教育的边界,着力建设没有围墙的大学(图1-11)。

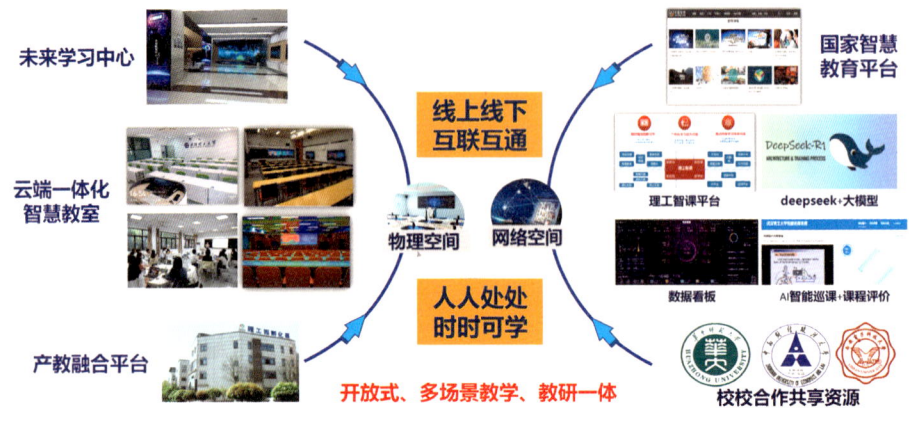

图 1-11 构建连接、开放、共享、无边界的办学模式

围绕资源供给模式的深刻变化，学校搭建了"知识+数据"双驱动的理工智课平台，上联国家智慧教育平台，下联校校、校企、校地、国际合作平台，共建校企微课程，开发汇聚优质资源。通过与华中师范大学、中南财经政法大学等共享课程，与头部企业共建微课程，形成全域教育资源供给体系。学校强化产教融合，与行业企业共建微专业，联合打造"无边界"教学模式，满足学生多元化和个性化发展需求。聚焦重构"沉浸式"教学环境，学校依托建材建工、交通、汽车"三大行业"，将前沿技术、应用场景远程接入，把"教"与"学"边界由校园延伸至企业前端和产业一线。

2. 育人新方式。学校推动育人方式从"以教为主"向"以学为主"转变，重塑育人新方式。创新"双师""双空间""双院""双融合""双证书"的"五双"育人方式。同时，深入推进人工智能赋能教育教学，重塑"德育为先、知识为基、能力为重"的教育新体系。学校积极推动教师形态变革，从"师-生"二元结构转变为"师-生-机"三元结构，实现育人方式的迭代升级，着力打造以学生为中心，更加互联、开放、共享、个性，更具韧性和更加以人为本的教育新生态（图 1-12）。

学校聚焦拔尖创新人才和卓越工程师培养，全面修订人才培养方案，打造人工智能通识课培养体系，探索实现"一生一案"。积极推进本研一体化培养模式改革，着力提升学生的数字素养和创新实践能力。聚焦育人方式变革，

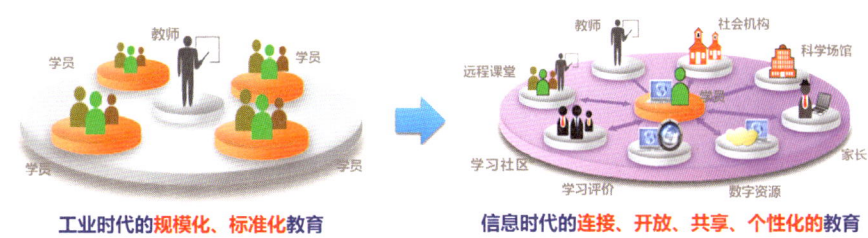

图 1-12　以学生为中心的教育新生态

学校将数字化思维融入教学科研全过程，主动拥抱 AI 技术。实施育人工作量制度，推动实现教育过程与育人实效相结合、量化管理与质性评价相结合、个体关怀与集体辅导相结合，育人场域由线下向线上延展。学校围绕深化博士和专业学位研究生培养改革，强化教育教学全过程质量保障，对研究生培养环节进行全过程质量管控，加快建设国家卓越工程师学院。

3. 管理新体制。对比流水线、标准化特征明显的工业化管理体制，当前高校的管理更倾向于科层制的管理，设置有系、学院、学部、处长、科长、院长等层级。然而，数字时代呼唤的是更扁平化、更精准化、更有弹性的管理方式。学校持续强化对大学治理的系统变革，重新定义"更加精准化、扁平化、透明化"的管理体制新标准，构建数据驱动的管理、精准的管理、扁平化的管理、透明化的管理，探索数据驱动的大学管理体制新模式（图 1-13）。

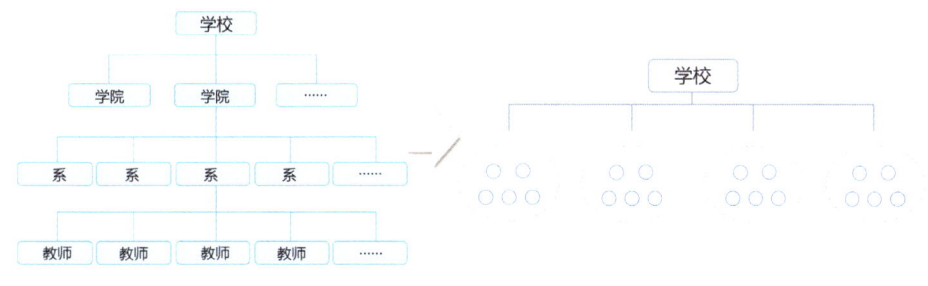

图 1-13　数字化支持扁平化管理体制机制的原理图

学校坚持"集成驱动、协同赋能"建设理念，实体化运行学校智能运行中心（IOC），创新打造事业、人员、物理和网络"四大空间"智能驾驶舱协同矩阵。依托红绿灯预警模型与智能体技术，实现"一舱统管四域、一键闭环全链"的治理新生态，推动治理模式从"职能分治"向"四域共治"融合转型。学校深化以人事制度为牵引的人技结合综合改革，实施"定编、定岗、定责、定薪"人事四定工作，逐步实现教师"一人一策"。建立校长—处长—院长"三级链接"数据驾驶舱，全面实施数字赋能"红绿灯计划"，校长办公会"系统汇报、数据说话"成为常态。

4. 保障新机制。高质量教育体系有赖于先进的技术设备和基础设施，需要强有力的服务保障。学校重新定义了构建高质量教育体系的"数字基座"保障机制标准，不断创新保障机制，持续加大对教育数字化转型必需的相关基础设施的投入，综合运用"教育大数据+算力+算法"搭建强有力的数字基础设施保障基座，并全域集成教学、管理、服务等平台系统，构建起数据驱动的人技结合、数智化的质量保障体系，不断提升治理体系和治理能力现代化水平（图1-14）。

图 1-14 教育数字化转型"数字基座"的保障机制支撑

学校依托"云网数端"构建安全保障、运维管理和标准规范三大体系，集成化构建校园三维可视化数字孪生底座，实现网络空间资源集成和数据融通。建成"数据+模型"双耦合数据中台，集成170个平台系统，数据日交换量从7亿提升到25亿。建设可感知、可分析、可预警、有预案的大安全态势感知分析平台，实现数字空间要素全域集成。构建全域数据感知分析体系，对涉及学校发展的 70 个关键数字化指标进行动态感知，实现全域科学评价数字画像，为教育教学评价提供全面精准的评估数据。建设集维修管理、通行管理、宿舍管理、餐饮服务、监督评价为一体的智慧后勤综合服务系统，为师生提供全场景、移动化、智能化的保障服务。学校以"大安全"工作体系为引领，深度融合新一代信息技术，对安防领域数据进行动态监控和实时预警，着力打造可感知、可分析、可预警、有预案"三可一有"安全态势感知平台。学校还结合元宇宙技术发展趋势，提出"1+3+N"元宇宙大学建设框架，打造虚实融合、智能交互、开放共享的未来教育新生态。

三、定法：实现数字化转型的系统重塑

数字化转型的深层逻辑在于通过组织再造激发制度活力，借助机制创新保持变革动能，只有将"技术应用"升维为"变革重塑"，使数字化转型从项目式"外科手术"转化为生态型"基因改造"，才能真正实现教育系统的变革和跃迁。学校高位推进"一把手工程"，持续强化对大学治理的系统变革，加快部门职能转换，持续推动重心下移，形成管理"闭环"。以"管理制度化、制度流程化、流程信息化"推动管理"扁平化、精准化、透明化"。建立校长—处长—院长"三级链接"数据驾驶舱，实施数字赋能"红绿灯计划"，开展"系统汇报、数据说话"，建立过程管理、精准管理和数据驱动的质量内控体系。

（一）推进"一把手工程"

2025 年全国教育工作会议强调，强化制度建设，全面提升数字化领导力，始终坚持"应用为王"，加强前瞻布局，持续扩大数字教育国际影响力。同时，教育部等九部门出台关于加快推进教育数字化的意见，强调各地各校把教育数字化作为一把手工程，省级教育部门加强统筹实施，抓好系统培训和领导力培训，提升认知能力和执行能力。

全面提升领导干部的数字化领导力和驾驭力，是推进数字化转型标杆大学建设的关键。学校始终坚持将数字化转型作为"一把手工程"高位推进，成立以学校党委书记和校长为双组长的网络安全与信息化工作领导小组，统

筹抓好系统培训和领导力培训，不断提升学校各级领导干部认知能力和执行能力。学校基于数字素养的全面提升考量，聚焦教育领导者数字化领导力，引导职能部门和学院"一把手"从战略高度认识数字化转型的意义，相关会议均使用领导驾驶舱，采取"系统汇报、数据说话"的方式进行汇报。学校还将领导干部数字素养培养和能力培训纳入党政工作要点，聚焦干部数字领导力，开展覆盖全体中层干部的数字化专题培训，进一步凝聚数字化转型理念，全面提升数字素养。同时，学校面向全校师生开展数字素养测评，全覆盖衡量师生的数字素养水平和素养提升需求，开展专项和定向培训，努力为数字化转型打下坚实基础。学校还将关口前移，将数字素养作为选人用人的重要环节，在人才招聘中开展数字素养考核，有效提升全员数字素养和执行力。

（二）加快组织流程重塑

学校加快职能转换，优化部门职能，进一步发挥各职能部门的"规划、监管、评估、服务"职能，深化"管办评"分离。成立信息化办公室和质量评估处，撤销教学督导办公室和教服中心，实体化运行学校智能运行中心，实现管理重心下移（图1-15）。

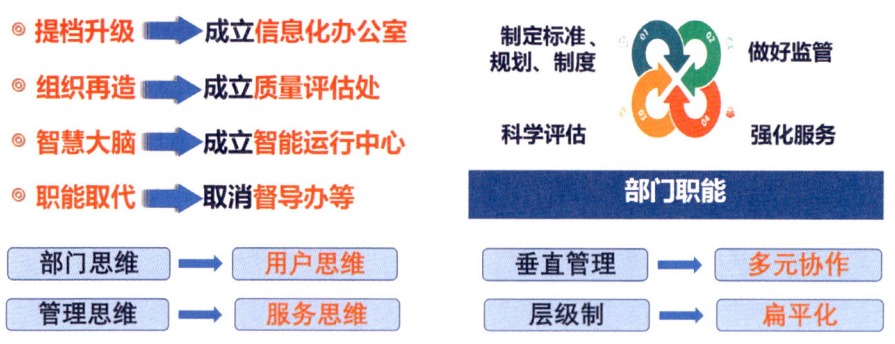

图 1-15　优化部门职能推动职能转变的整体框架

学校全面推进现代治理"四大空间"建设，加快推进现代大学数智治理，聚焦"感知监测、数据分析、价值挖掘、协同调度"，构建覆盖事业空间、人员空间、物理空间和网络空间的四维协同治理体系，实现从智能驱动向空间治理转型升级。

学校坚持以人事制度为牵引,以人技结合综合改革为抓手,构建了一套"人机协同"的数字化转型新治理体系,从体制、机制、制度上将"人机协同"贯穿于数字化转型改革的全过程。学校加快规章制度"废改立",围绕"教、学、研、管、评、服"等方面年度修订规章制度达300余项,为数字化转型新治理体系建设保驾护航。同时,学校还围绕"人技结合",统筹从教育、科技、人才体制机制一体化战略高度思考与谋划工作,开展了深化拔尖创新人才和卓越工程师培养、数智驱动大学治理模式和资源优化配置机制创新等重大改革项目,并取得了稳中有进、进中提质的务实成效。

(三)深化体制机制再造

学校在推进教育数字化进程中,创新构建了"机制牵引、数据驱动、闭环管理"的工作体系,形成了以"双轮协同机制"为基础、以"IOC任务调度"为核心、以"五个一联动机制"为支撑的立体化推进模式,着力推动治理能力向实时化、可视化、协同化跃升。

1."周推进+月调度"双轮协同机制

学校不断强化组织领导,学校主要负责同志坚持数字化工作,亲自抓、负总责,经过一系列机构优化重组,形成了以智能运行中心(IOC)为"大脑",信息化办公室、党政办公室、网络信息中心协同配合的学校数字化工作领域的"四驾马车"(图1-16),共同构建学校教育数字化发展新格局。

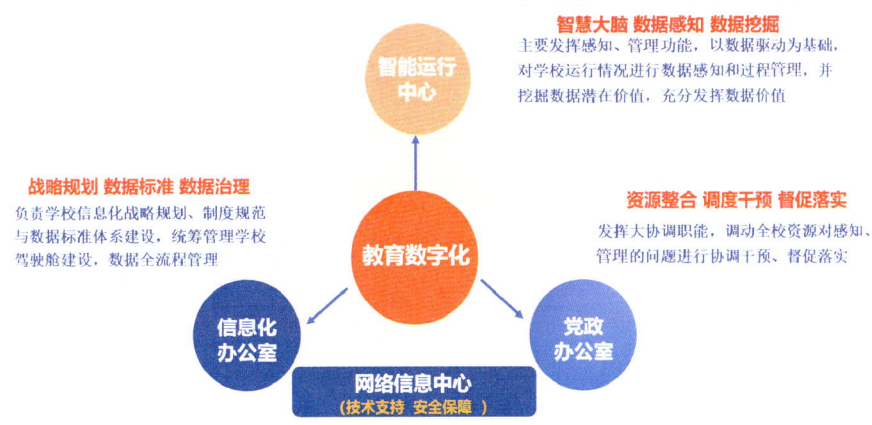

图 1-16 推动教育数字化转型的四驾马车

学校在数字化转型的过程中不断强化联动协同，建立了"周推进+月调度"协同联动机制，分管校领导每周召开一次工作推进会（图1-17），各二级单位分管数字化负责人参会，对当前数字化推进进展、存在的问题和需重点协调的事项进行汇报，并对所需协调资源进行调度，全力加快数字化进程。校长每月组织召开一次网信领导小组会（图1-18），学校有关校领导、网信领导小组成员单位主要负责同志以及各学院院长参会。每次网信领导小组会均会系统梳理自上次会议以来，全校数字化工作在理论引领和实践探索方面取得的重点成绩，并由校长重点对全校数字化工作进行全局把脉，为未来一段时间数字化工作谋篇布局和指明方向。目前，学校共召开周推进会80余次、月调度会20余次，通过"周推进+月调度"双轮协同机制，大大加快了学校数字化转型进程。

2. "周调度会"任务调度工作机制

学校以"问题驱动、任务驱动、战略驱动"为导向，依托智能运行中心（IOC）建立"周调度会"制度，通过数据感知、价值挖掘，对学校发展全局的痛难点、重点工作和战略任务进行感知管理、分析预警、协同调度。调度会由校长主持，相关校领导和调度任务牵头部门主要负责人参加，每周有计

图 1-17　学校信息化工作"周推进会"

图 1-18　网络安全与信息化工作领导小组会议

划、每周有复核,强化过程管理,敦促各二级单位协同落实学校重点工作任务。

学校 IOC 通过"周报告"机制和"红绿灯"预警机制开展任务调度,将涉及二级单位的调度任务经数据中台提供至周报系统,通过周报系统推送至二级单位,任务牵头单位按照计划推进落实,对于推进落实进度滞后的,纳入学校督办系统督办。同时,建立 IOC 周报调度任务完成情况销号机制。由每周任务调度会确定每一项调度任务的销号周期和标准。调度任务牵头单位申请销号的,由 IOC 开展管理及复核,提交每周任务调度会审定。

IOC 任务调度机制实施以来,学校治理效能显著提升。一是破解跨部门协作难题,IOC 依托调度会机制和工单系统实现跨部门任务流转派发,提升部门协作效能;二是重塑决策支持系统,通过"三级链接驾驶舱+红绿灯预警模型"(图 1-19)实时管理事业、人员、物理及网络空间运行数据,建立"周推进—红绿灯—销号制"的动态管理闭环,提升关键任务完成率;三是构建责任传导链条,将调度任务完成情况纳入考核体系,构建全域数据感知驾驶舱,运行 AI 校长助理,实现周报系统与督办系统双轨联动,通过重点工作的

"周计划、月督办、年考评"机制,有效降低跨部门协作任务超期率,提高资源配置精准度,实现业务协同、流程优化、结构重塑、精准管理,形成"数据驱动、协同共享"的治理新生态。

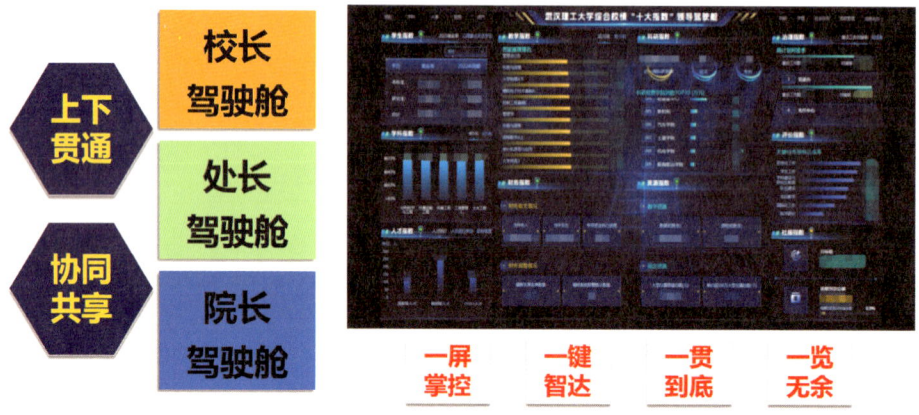

图 1-19 校长—处长—院长"三级链接"领导驾驶舱

3. 智能运行中心协同联动运行机制

2023 年 5 月,学校启动智能运行中心(IOC)筹备工作,以"数字赋能大学治理"为战略导向,重构多部门协作机制,开启智慧治理创新实践。同年 10 月,IOC 实现常态化运行,学校 14 个部门进驻联合办公,对外公布 4 部师生服务热线,构建"前店后厂"的协同治理模式,致力于破解跨部门协作壁垒与治理痛难点问题,初步实现管理响应速度的提升、跨部门事务处理效率的提高。

2024 年 6 月,学校优化机构编制,智能运行中心作为正处级单位挂靠党政办实体化运行。围绕学校数字化发展需要,实行"两横四纵"科室实体运行和"一平台三中心"虚体运行机制,下设 6 个办公室,包括综合室、教育教学与科研运行室、学科与人事运行室、安全与保障运行室、数字化治理运行室和数据与技术支撑室,以数据驱动为基础,为学校决策提供基于数据和证据的支持和服务。

2025 年 3 月,IOC 立足"数字化转型标杆大学"建设目标,完成治理模式战略性迭代升级。以"感知监测、数据分析、价值挖掘、协同调度"为核心职责,构建覆盖事业空间、人员空间、物理空间和网络空间的四维协同治理体系。通过业务流、数据流、管理流的深度融合，实现全校运行体征全面感知、分析决策统揽全局、综合调度一体联动、干预处置高效有序，推动学校治理扁平化、精准化、协同化、透明化，助力提升学校治理体系和治理能力现代化水平。

第三节　持续夯实数字化转型内驱文化

数字化浪潮正深刻重塑全球社会发展格局，数字文化作为这场变革的核心驱动力，已成为推动教育现代化转型的关键引擎。数字文化不仅代表着技术应用的革新，更是一种融合"连接、共享、智能、创新"核心理念的现代化思维范式。学校通过数据要素的深度渗透、技术生态的系统重构和文化基因的创造性转化，逐步探索出了一条数字文化引领对外开放、助力学校高质量发展的现实路径。

一、厚植"重视教学、崇尚创新"的教育文化

教育数字化是教育教学活动与数字技术融合发展的产物，也是进一步推动教育改革发展的重要动力。推进教育数字化转型关键还是要聚焦立德树人根本任务，稳扎稳打搞好教育教学改革创新。学校努力打造以学生为中心、重视教学、崇尚创新的新文化，加快形成追求卓越、持续改进的质量文化。提高混合式课堂和翻转课堂的占比，狠抓教学质量，重点开展了教师节系列活动。教师节前夕，颁发了卓越教学贡献奖、卓越教学耕耘奖、卓越教学创新奖，营造崇师、重教的教学文化。

学校采用 AI 智能巡课等人技结合的评估新手段，构建全过程、多维度评估的质量监控体系，发布涉及学校办学各领域、全流程的质量评估报告，形成理性反思、自我约束、持续改进的质量文化。同时，学校坚持把创新创业教育贯穿人才培养全过程，积极争取入选首批国家级创新创业学院建设单位，着力营造创新创业文化，不断激发学生创新创业热情，帮助学生实现创新创业、成长成才的梦想。

学校还持续深化教育教学改革，着力推动教师角色转变，引导教师从知

识传授者向导学者、教学活动组织者、课程的设计师和资源的开发者等角色转变（图 1-20），着力提升教师人技结合能力，实现教师知识、能力、素养整体提升。同时，学校还注重优良教风学风和"重视教学、崇尚创新"文化氛围建设，鼓励教师进行教学改革创新，深入实践并大力宣传学校近年来的教改成果，充分激发广大教师投身改革创新的动力与热情。

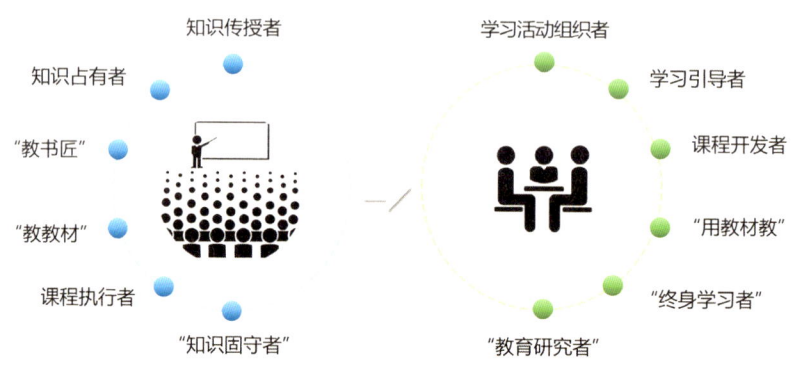

图 1-20　面向未来数字化教师的角色转变

二、创新"人人发力、高速运行"的动车文化

经过长期的工作实践，学校形成了"党建引领、数据驱动、协同共享、提质增效"数字化转型方针。在党建引领理念中，就是要通过党建高位引领，强力推动学校数字化转型工作；在数据驱动阶段加强过程性数据采集，坚持问题导向，用数据反映问题，聚焦数据的总体情况，不断"求增量、化存量"；在协同共享理念中，既要抓好学校内部的协同，更要加强与外部的链接，让数据共享应用迈上新台阶；最后，用数据驱动学校数字化转型工作提质增效，通过驾驶舱数据供给与交换，让数据更好用、更实用，让数据对学校发展的支撑更强劲、更有力。

在十六字方针的引领下，学校数字化转型工作形成了独特的转型文化——"动车文化"（图 1-21）。党建引领好比火车头，抓统领、管方向；数据驱动好比动力系，是关键要素；协同共享好比车轮和轨道，紧密配合，同向发力；提质增效则是整车组，多拉快跑、负重远航。最终的效果就是在数字

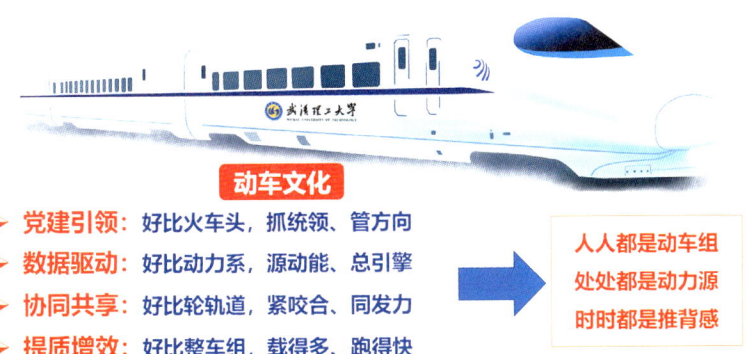

图 1-21　学校动车文化释义图

化转型道路上，人人都是动车组、处处都是动力源、时时都有推背感。在大数据的驱动下，每个人都能"人尽其才、才尽其用"，都能成为最好的自己。两年多来，动车文化已经逐步成为学校推进数字化转型工作的特色和名片，充分激发了广大师生员工干事的动力和热情。

三、塑造"人技结合、虚实融通"的数字文化

1. 打造数字化 IP 形象"智思特"

学校结合理工学科优势与校园特色，打造以"智思特"为代表的数字化 IP 形象。其命名灵感源自教育专用大模型"智思体"的谐音，整体设计充分融入了学校数字化元素，体现了学校的创新精神与数字化前瞻性。智慧大脑形象来源于学校标志性建筑"心至楼"，象征着从"心所至"到"心所智"的跨越，彰显推动学校实现"无所不至"目标的核心力量。

智慧感知的耳朵灵感源自 5G 信号塔，体现了全域感知的力量与信息流动的无缝连接。智慧身躯覆盖先进集成电路新材料，手握船锚，基座与智能汽车底盘四轮相呼应，巧妙融合了学校在建材建工、交通和汽车行业的特色，同时四轮也象征着"云、网、数、端"四大要素，精准体现与"党政办公室、信息化办公室、智能运行中心（IOC）和网络信息中心"四驾马车的高效协同。通过数字化 IP 形象的塑造（图 1-22），进一步提升学校的趣味感、科技感与未来感，为数字化校园建设提供强有力的文化支撑。

图 1-22　数字化 IP 形象"智思特"

2. 打造文创产品，构建可触达文化氛围

为进一步彰显学校特色教育优势，充分挖掘并发挥师生协同创新团队在 3D 打印技术实训、传统陶瓷工艺制作等领域的深厚积淀与独特专长，学校以"智思特"数字化文化形象为核心创意源泉，精心策划并制作了一系列兼具实用价值与艺术美感的公共文化创意产品：印有"智思特"图案的 AI 动漫风创意明信片、"智思特"限量版 3D 手办、"智思特"公仔、"智思特"主题小夜灯……通过这些富有数字化元素的公共文化产品，让数字化文化更加生动可触，让师生及访客在日常生活与学习中，能够直观感受到数字文化的魅力，在校园内营造出一种浓厚而独特的数字文化氛围，进一步丰富和扩展校园文化建设的内涵与外延。

3. 建设数媒矩阵，拓展文化传播维度

学校持续构建数字化宣传"大矩阵"，依托新媒体与《数字化战略实践》特色杂志等传播载体，强化其在数字化转型中的传播能力。通过"数说""数智""数引""数评"等专栏，重点讲述数字化转型的"理工故事"，全方位、多维度展现数字化进展与成效。广泛倾听师生意见与建议，依托数字化阶段性成效与前瞻性规划，不断增强信心、凝聚共识，持续营造正能量的氛围，推动学校全员共同绘制发展蓝图，推动文化建设与数字化转型深度融合，并围绕数字人文、数字伦理开展研究探索，不断注入发展动能，推动可持续发展。

第二篇

新基建：
夯实教育数字化转型底座

学校紧扣云、网、数、端四大要素，大力加强教育新型基础设施建设。通过制度筑基、算力扩容、网络提速、数据治理、平台升级等一系列扎实有效的举措，持续升级教育新基建，强化数据安全防护机制，建设人工智能伦理规范，夯实筑牢平台、网络、人工智能等安全防线，稳步推进"全域感知、泛在计算、智能决策、可信安全"的智慧教育生态体系建设。

第二章　全面夯实数字化转型的"四大要素"

学校聚焦数字"新基建"，系统推进算力、网络、数据、平台四大基础要素建设，打造支撑教育数字化转型的坚实基座。通过算力资源的规模化扩容与智能化调度、网络基础设施的全面升级与精准覆盖、数据治理体系的标准化构建与价值挖掘、智慧教学环境的迭代更新与融合应用，形成了技术先进、安全可靠、弹性扩展的新型数字基础设施体系。不仅实现了从基础保障到创新引领的跨越式发展，更通过要素间的深度融合与协同创新，为学校教育教学模式变革、科研范式转型和治理能力提升提供了全方位支撑，有力推动了教育数字化转型向更深层次、更广领域发展。

第一节　算力基础设施扩容增效

学校通过规模化扩容、精细化管理与差异化创新，积极构建高性能、高可靠的算力基础设施，形成了多层次、立体化的算力资源体系，为教学科研与管理服务提供强大技术引擎。

一、规模化扩容：从基础保障到前沿支撑的跨越式发展

学校通过系统性工程建设，大幅提升算力资源规模与配置，构建起适应智慧校园需求的计算能力矩阵。

1. 云平台算力跃升

从最初 122 台物理服务器扩容至 172 台，CPU 核心数从 5552 核增长至 14152 核，内存容量从 18860G 提升至 46000G，存储空间扩展至约 6.8PB，2022—2024 年三年间核心算力资源增长超 150%。承载的业务系统数量从

601个增长到855个，增幅达42%，实现从基本需求维持到核心业务全面覆盖的质变。

2. 高性能计算从零突破

2023年4月以襄阳集群试点运行，首年即实现计算资源高效利用，累计完成计算作业12082项，提供535.96万CPU核时及2.74万GPU卡时的有效算力支撑，有效支撑了材料基因、智能材料与器件等研究领域。2024年，进一步建设1.0P Flops计算能力、2.5PB存储规模的专业化算力资源池，建成学校高性能计算公共服务平台，实现了从无到有的算力支撑能力突破。高性能计算平台拓扑图如图2-1所示。

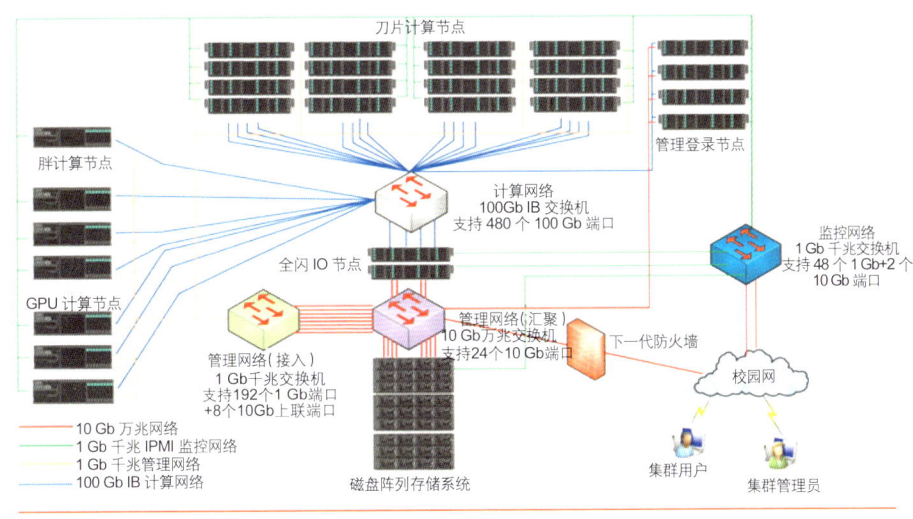

图2-1　高性能计算平台拓扑图

二、精细化管理：算力资源的高效调度与智能配置

学校围绕资源调度优化与服务范围拓展，显著提升了算力资源的使用效能。

1. 资源利用率优化

2023年，租户应用实例的CPU和内存利用率高达80%和73%。2024年，计算资源利用率由95%提高至97%。通过资源调度策略和弹性伸缩技术，实现算力资源智能分配，避免资源浪费，同时保障业务高峰期性能需求。

2. 服务覆盖范围全面提升

云平台实现从95%到100%的校内单位全覆盖，确保所有校内部门享受云服务。高性能计算平台聚焦科研团队专业需求，精准支持国家级、省部级项目研究，资源配置更加精细化，服务效能显著提升。

三、差异化创新：特色算力布局的技术突破

面向新兴技术应用需求，学校引入VGPU等特色算力资源，开辟数字化转型新路径。

1. 虚拟GPU技术突破

引入VGPU资源，实现物理GPU资源虚拟化共享，资源利用效率提升200%以上。全年新增254台VGPU实例，有效支撑元宇宙、数字孪生、智慧档案数据模型、大数据、音视频转码等智慧型校园应用。

2. 前沿应用算力支持

差异化算力资源布局，促进学校在人工智能、虚拟现实等前沿领域的应用创新，为教学科研提供多元化计算支持，拓展了学校算力资源类型和服务边界，为数字化转型提供了新的技术支点。

通过规模化扩容、精细化管理和差异化创新三条路径，学校构建了通用计算资源、高性能计算资源和特色算力资源协同发展的立体化算力体系，实现了从保障基础应用到支撑前沿创新的全面提质增效。这一算力基础设施体系已成为推动学校教学、科研和管理数字化转型的强大引擎，为智慧校园建设提供了坚实保障，为AI大模型、数字孪生等创新应用奠定了关键技术底座。

第二节　网络保障能力提档升级

学校着力构建高速、稳定、智能的校园网络体系，通过全面升级网络基础设施、精准改造重点场所以及创新网络建设模式，形成了支撑智慧校园运行的坚实网络底座。

一、全域覆盖：打造高速稳定的网络基础设施

学校以"技术先进、经济实用、服务至上"为原则，系统性构建全场景覆盖的校园网络基础设施。

1. 高速网络架构部署

全面实施"核心 100G、楼栋万兆、桌面千兆"的网络架构（图 2-2），有线信息点从 5.2 万个增至 6.1 万个，增长 17%。校区主干光缆达 1200 芯，核心区域实现光纤线路冗余，显著提升了网络传输效率与稳定性。

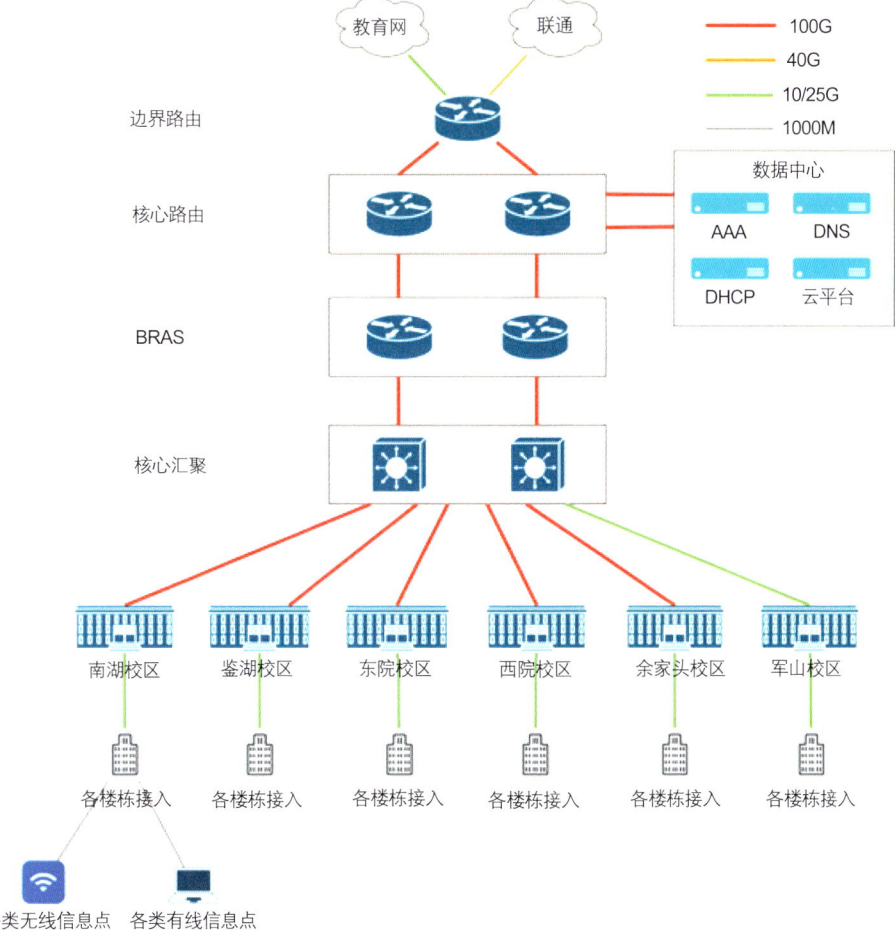

图 2-2　核心、楼栋、桌面的网络分层架构图

2. 带宽配置科学优化

出口总带宽从45G提升至60G,针对学生需求专门在宿舍区增配40G专用带宽。带宽年度平均使用率维持在80%左右,处于评估标准要求的合理区间(50%~90%),既保障了用网体验,又避免了资源浪费,实现了带宽资源的精准配置。

3. 无线网络体验升级

全校无线AP总量达19948颗,覆盖率从不足90%提升至94%;高速率(Wi-Fi 6)AP占比提高5.75个百分点,达到38.5%;无线弱信号比例由8.75%降至5.5%,年均下降约1.625个百分点。无线网故障率显著降低,从101颗次降至37颗次,故障率仅为0.18%,网络运行更加稳定可靠。

二、精准改造:重点场所网络环境质效双提升

在学习生活核心区域,学校实施了以太全光网络、有线无线一体化设计,采用精准投入策略,全面提升网络服务质量。

1. 宿舍网络"1+4"标准建设

对网络基础条件较差的16栋宿舍共计2438间寝室实施"1+4"标准改造(每宿舍1颗无线AP,每个宿舍4个有线信息点),创新引入第二代光电混合缆技术,实现1G带宽入寝室,40G带宽进楼栋。宿舍无线AP数量从641颗增至2440颗,有线信息点从940个增至9760个,解决了学生宿舍区域在线学习的网络瓶颈问题。

2. 教室网络环境构建

对5个校区17栋楼627间教室网络全面升级,全静音设计、全光网络,一网承载、多网融合,高带宽上行(20G),有线千兆接入,高密Wi-Fi 6全覆盖。新增交换机627台,高密AP 1212颗,为智慧课堂建设和混合式教学提供可靠网络基础。

3. 改造成效量化评估

宿舍改造工程惠及1万余名学生,网络条件提升极大提升了线上学习体验;教室网络环境优化有效支撑了数字化教学改革,为"互联网+教育"模式奠定了坚实网络基础。

三、智慧运维：数据驱动的网络建设新模式

学校突破传统网络规划思路，创新网络建设与运维模式，实现从硬件建设到智能管理的全面升级。

1. 标准化网络建设范式创新

推动"宿舍1+4"标准成为校内建设规范，实现网络服务质量标准化提升；应用"光进铜退"技术路线，通过第二代光电混合缆技术将光纤直接引入宿舍，有效解决了带宽和稳定性问题，为未来网络升级预留充足空间。

2. 数据驱动的智能运维体系

基于校园网用户行为分析（2023年校园网用户数89770人，日均在线终端数55124，年度峰值在线终端数63889，用户平均使用流量约1071G，平均日在线时长约12小时），构建精准网络资源配置模型。大规模校园网管理平台实现对2600余台网络设备和19948个无线AP的全方位监控，运维人员可实现对全校网络资源"一图全览"，故障定位时间大幅缩短，处理效率大幅提升。

3. 面向未来的低时延大连接架构

探索建设低时延和大连接校园网络架构，初步具备"感知一切、连接一切"的基础能力，为物联网、人工智能、数字孪生等前沿技术应用提供坚实支撑，有效促进学校教学、科研、管理等各类数字化场景的全面深入发展。

通过以上三大领域的系统性建设，学校构建了高速、稳定、智能、全覆盖的校园网络体系，不仅满足了当前数字化学习、教学与管理需求，更为未来校园智能化发展打下了坚实基础。这一网络保障体系已成为学校数字化转型的关键支撑，为"互联网+"战略在高等教育领域的实施提供了可靠的网络底座。

第三节　数据治理体系垒台筑基

在数字化转型战略引领下，学校将数据作为核心战略资产，系统构建"标准—枢纽—协同—架构—质量"五位一体的数据治理体系，为学校数字化转

型提供了坚实的数据底座和智能支撑。

一、构建数据驱动大学治理指数模型

学校紧紧抓住"数据"这一核心要素，探索构建数据驱动大学治理指数模型。我们重点梳理了"人"与"数"之间的关系，紧扣温度、力度和深度有序推进转型工作。关于数据究竟该与哪些人对应，我们一直认为学校再大，人员构成不外乎教师、学生、管理人员三大类。围绕"数"这个关键要素，我们重点梳理它的功能定位，就是数为人所用、数给人赋能、数催人奋进。人和数结合起来，就是要全员用数、全员赋能、全员发力，最终实现人人出彩。

这样一来，学校就紧紧围绕这三类人群扎实开展数据治理工作。

数据驱动大学治理指数模型如图 2-3 所示。

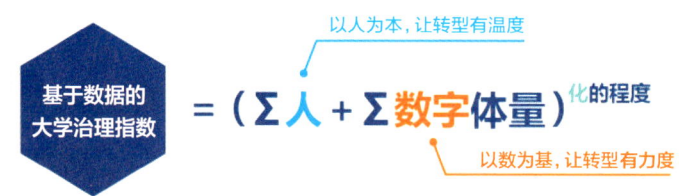

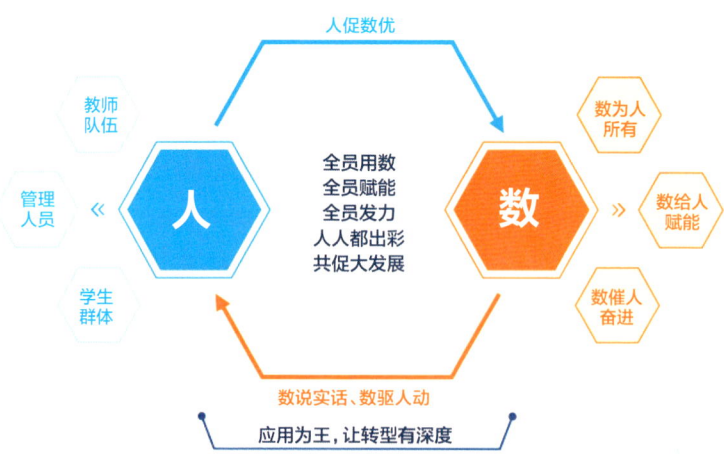

图 2-3　数据驱动大学治理指数模型

二、健全数据标准体系

学校以数据治理为核心，围绕基础数据、技术数据、业务数据三大类数据，构建起科学完备的数据标准体系。该体系深度覆盖数据采集、存储、集成、质量、共享、安全等全生命周期环节，针对不同类型数据制定差异化标准规范。同时，学校构建了一套严谨的标准建立流程，通过需求调研、意见征集、试运行反馈等多环节闭环管理，保障标准的科学性与适用性。目前，学校已发布《武汉理工大学数据标准管理办法》《武汉理工大学数据安全管理办法》《武汉理工大学数据资源管理办法》等管理办法，以制度保障数据标准体系落地实施。学校遵照"1234"数据治理体系开展数据治理，重点围绕数据驱动"一条主线"，牢牢聚焦应用架构、数据架构"两个架构"，厘清服务目录、系统目录、数据目录"三个目录"，做好业务信息化清单、服务事项清单、业务数据化清单和电子资源清单"四个清单"（图2-4）。

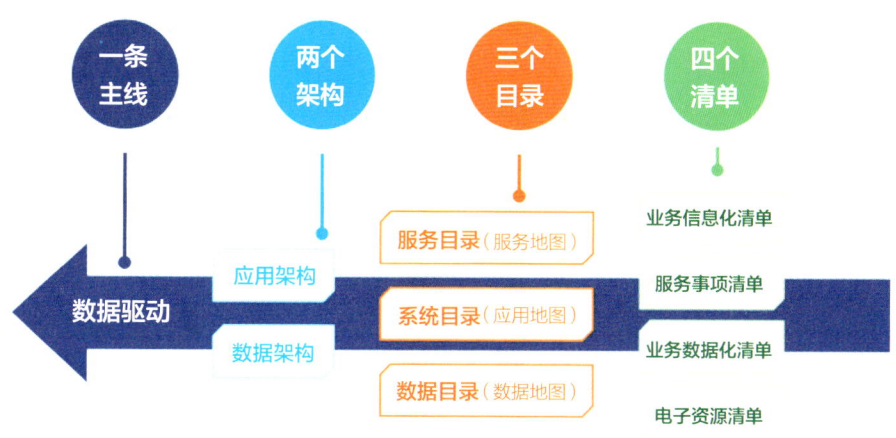

图2-4 "1234"数据治理框架体系

三、重塑数据资源架构

学校创新构建"四级递进"数据资源架构，通过业务系统、数据中台、指标平台、数据驾驶舱的有机联动，实现数据价值的深度挖掘。

第一级业务系统作为数据源头，承担数据采集与汇聚功能。通过系统集成，实现全域数据的全面接入，为后续的数据处理奠定坚实基础。

第二级数据中台作为数据处理核心枢纽，构建了"数据湖—数据仓库—数据集市"的处理链路。通过标准化的数据抽取、清洗和转换流程，将原始数据转化为基础数据集、部门数据集和专题数据集，有效提升数据质量与可用性。

第三级指标管理平台则聚焦数据价值提炼。通过指标定义、采集、管理和应用的全流程管控，对数据中台的原始数据进行二次加工，形成指标集市，并实现指标的统一调度与状态预警。目前，平台已接入 200 余项重点指标，管理数据总量超 390 万条。

第四级数据驾驶舱将指标进行可视化呈现，以直观的图表与分析模型，为决策提供数据支撑，真正实现数据驱动管理与决策的目标。

四级数字资源架构如图 2-5 所示。

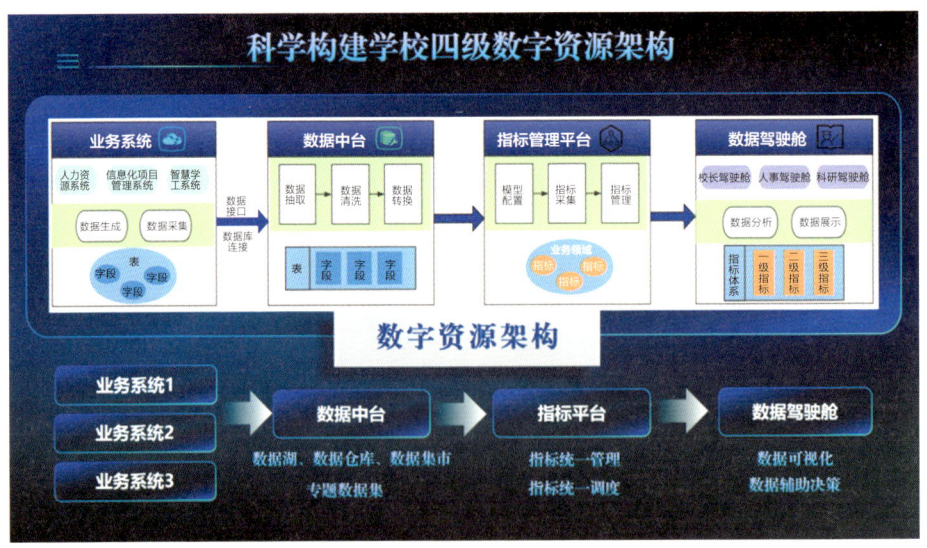

图 2-5　四级数字资源架构

四、强化数据质量管控

数据质量是驱动高校数据治理的核心要素。学校提出从完整性、一致性、唯一性、准确性、及时性五个维度构建数据质量标准体系。该体系以数据全生命周期管理理论为基础，通过建立多维度、多层次的评价指标，实现对数据质量的综合量化评估。同时，紧密结合高校教学、科研、管理等核心业务场景，建立动态化的检测规则库，实现数据质量检测的精准化与智能化。

在质量管控机制建设方面，创新构建"检测—分析—改进—反馈"的闭环管理体系。通过系统与场景双维度的定期数据质量检测，生成可视化检测报告，精准定位数据质量问题。建立跨部门协同治理机制，针对检测出的问题开展深度业务分析，制定个性化改进方案，并运用项目管理工具进行全流程跟踪，确保问题整改落实到位。该管理体系已在学校实践中取得显著成效，有效提升了数据资源的可用性与可靠性。

第四节　平台终端建设升级扩面

智慧教学环境是教育数字化的转型基座。除全面升级教室网络环境外，学校还加强公共智慧教室、公共计算机实验室、标准化考场等数字化基础环境的升级改造，构建智慧教育教学"新环境"，助力信息技术和教育教学的深度融合。

一、基础环境全面改善

1. 高标准建设智慧教室

自2022年起，对417间公共智慧教室数字化设备进行了全新建设。建设的内容包括中控系统、计算机、扩声系统、显示系统、智慧讲台、智慧班牌等。根据具体情况，按需对一些教室部分数字化设备进行升级改造。目前全校满足教育教学需要的公共智慧教室有近500间。另外，在其中的443间教室建设了常态化直录播系统，部分教室建设了智能物联管控系统。智慧教室环境实景图如图2-6所示。

图 2-6　智慧教室环境实景图

2. 高标准建设标准化考场

2022 年对 456 个标准化考场及相关区域，升级无线电信号屏蔽防控和侦测系统，满足国家对标准化考场无线电作弊防范的最新规定要求。同时设备具备网络远程管理功能，有效提升设备使用效能及设备管理人员工作效率。

3. 高标准建设公共计算机实验室

除满足公共基础课教学需要外，2023 年，按照满足专业制图设计、专业课程教学的硬件配置需求，高配置更新了 3 个机房 220 台公共计算机，有效缓解了部分教学单位计算机数量不足、硬件配置不够的问题。

二、服务能力全面提升

1. 网络服务能力全面提升

原教室网络仅支持用户上网，其他所有设备处于独立局域网环境。新环境网络已实现多业务融合，在保障用户上网需求的同时，支持教育教学设备接入校园网，并支持各类物联网管控设备的统一接入，具备了集教学、管理、服务于一体的网络支撑能力。全校教室规划了一个 B 类 IP 地址段，每间教室提供 12 个 POE++端口、2 个普通网络端口，具备了充裕的设备接入能力。双 10G 的上行带宽，保障了网络高带宽需求。

2. 集中管控能力全面提升

统一的中控管理平台，实现了对多媒体教学设备的集中远程统一管理，提升设备管理效能。智能物联管控系统，提升了教室物联管控能力，可以远程关闭空调、灯光等。

3. 智慧服务能力全面提升

智慧教室建设为我校师生进行常态化教学及各类教学改革，提供教室实体空间和线上平台"双空间"的有机融合，助力师生积极探索信息技术与课程教学融合应用场景，平稳保障学校相关教学改革创新工作，实现了人人皆学、处处能学、时时可学。

4. 综合保障能力全面提升

除保障课堂教学活动外，公共智慧教室和公共计算机实验室还有效保障了大量的非课堂教学活动。2024 年保障了 31 项国家级活动、12 项省级活动、27 项校级活动、131 项院级活动。公共计算机实验室除满足教学任务外，还承担了全国计算机等级考试、高考阅卷、研究生入学阅卷等重大活动的保障任务。基于稳定的环境条件保障和高效的考务组织，我校连续 4 年获评湖北省全国计算机等级考试优秀考点（2021—2024 年）。标准化考场的升级改造，有效提升了组考工作的安全性，保障了考试的公平公正。2024 年局部试点了考场实时智能巡查系统，通过信息技术赋能，提升了考试管理能力和水平，有效维护了考试安全。

第三章 科学构建数字底座支撑的"三大体系"

学校立足教育强国建设新使命，以数字化转型为战略支点，创新构建了以"大数据分析体系、大平台支撑体系、大模型赋能体系"为核心的现代大学数智治理新范式。大数据、大平台、大模型"三大体系"有机统一、相互支撑，共同构成了学校数字化转型的战略支柱，协同推动学校治理模式从经验决策向数智驱动转变、服务模式从被动响应向主动智能转变、发展模式从要素驱动向创新驱动转变，为加快教育现代化进程、推动教育高质量发展提供了重要示范。

第一节 聚焦"大数据"，提升感知分析预警能力

学校聚集"数据"这一关键要素，遵照"横向到边、纵向到底"原则狠抓全域数据感知，稳步提升数据资源总量。学校还同步建设"数据+模型"双驱动数据中台，以应用为牵引推动数据交换共享，让一条条鲜活的数据像水流一样驱动着学校事业发展提质增效。

一、集成化建设全域感知平台

学校按照"集成化"总体理念，聚焦全域数据感知指标建成全域数据感知驾驶舱，通过指标执行进度的可视化呈现和智能化分析快速搭建起全域数据采集—感知—分析体系。

1. 系统性构建全域数据感知体系架构

一是数据供给层，实现全域业务系统和驾驶舱集成，建立资源中心，通过数据抽取、数据清洗、数据转换提供数据接口；二是数据使用层，依托数

据中台构建数据中心，集成数据表，实现数据共享与交换；三是指标建模层，建立指标分析中枢，按照指标评价标准对数据指标进行逻辑计算和数据建模；四是指标管理层，对数据建模后形成的指标进行规范化管理，基于计算逻辑构建一级指标和二级指标，实现对指标的统一管理和实时调用。最后，指标再回溯到驾驶舱中进行可视化呈现，实现辅助决策分析。

全域数据感知体系架构如图3-1所示。

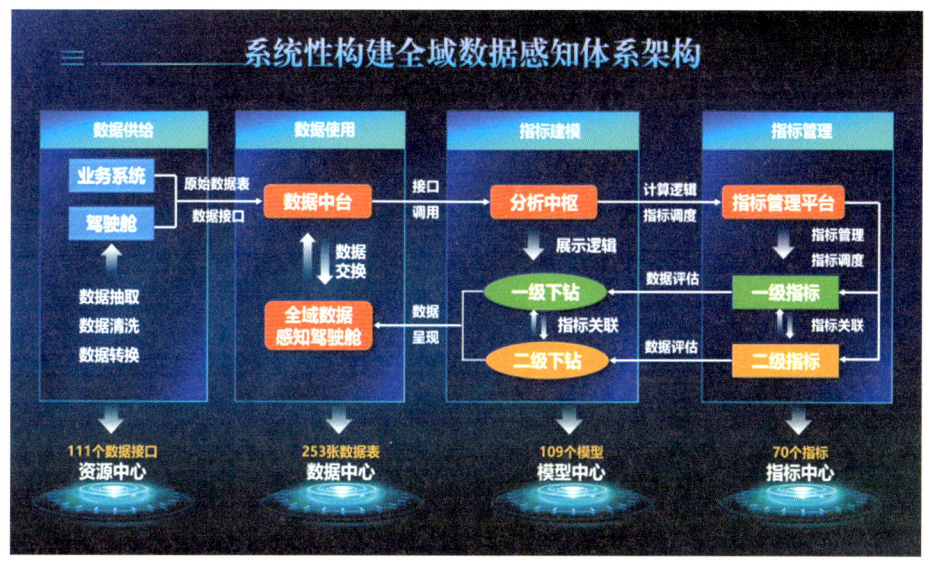

图3-1 全域数据感知体系架构

2. 一体化建成全域数据感知驾驶舱

基于全域数据感知体系架构，学校用两个多月时间快速开发全域数据感知驾驶舱，实现数据处处可下钻，全面实现历史数据可测量、未来趋势可感知、数据变化可分析、重点工作可调度。同时，还注重做好精细化管理，针对每个模块都实现数据采集和过程管理，建立红绿灯模型实现过程监管，让整项工作处处留痕、有迹可循。

3. 立体化构建数字资源生态

数据架构是在数字化业务框架体系中的核心一环，"业务系统—数据中台—数据驾驶舱"三级架构已经成为数字化业务的主流架构，但从取数到用数还缺乏统一管理和监管环节，导致数据一致性问题频发。在全域感知工作实践中，学校从问题导向出发寻找突破口，引入了指标管理平台实现指标统一采集管理分析，科学构建"业务系统—数据中台—指标平台—驾驶舱"四级数字资源架构，从以前的建设阶段只注重数据治理，到现在的转化阶段同时注重指标管理，解决更新频率、计算逻辑、一数一源等方面造成的数据不一致问题，同时提高指标复用比例，避免资源浪费，更好地做到一数一源，实现一源多用，探索全新的数据治理模式。基于问题导向与探索实践，进一步激发数据价值、释放数据潜能，更好地服务学校的数字化转型工作，构建了更加可持续的数字资源生态。

4. 协同化开展 AI 分析预警

学校以全域数据感知工作为基础和依托，协同化开展分析预警干预，构建了基于数据驱动的考核评价体系，全面赋能学校重点工作提质增效。在全域数据感知驾驶舱的基础之上，学校质量评估处还打造了全域数据分析驾驶舱，重点开展指标分析、预警和结果运用，实现对学校重点监测指标的过程管控和动态追踪，实行精细化管理，赋能考核评价。此外，学校还将全域感知指标完成进度接入督办系统，依托学校的"AI 校长助理"，对被预警指标下达智能督办提醒。由此，学校构建了数据中台负责采集、信息化办负责感知、质量评估处负责分析、党政办负责督办的"四级联动"模式，建立学校高质量发展的全域数据"采集—感知—分析—干预"全流程闭环体系，实现数字赋能大学现代化治理。

二、系统性构建数据交换枢纽

学校创新构建了"金字塔"数据模型，通过构建现代大学治理、一流学科、卓越教育、全面协同保障四大主题域数据资源目录，完成全校数据资产的全景化梳理与标准化整合，筑牢数字根基。历时三个月，学校初步建成数据中台，形成强大的数据底座支撑能力，实现 169 个业务系统的全面集成。秉持"应接尽接"的建设原则，数据总量超过 35 亿条，覆盖 85 个业务主题，形成 2119 个数据清单、38496 个数据字段。同时，在非结构化数据治理领域也进行探索，针对防火墙威胁日志、DNS 半结构化日志开展专项治理，解析处理数据量 10 亿余条。

自 2022 年 9 月数据中台投入运行以来,已为 229 个用数系统提供稳定支撑,日均数据交换量突破 25 亿条,有效驱动了教学、科研、管理等核心业务的数字化转型。基于数据中台,学校按照"一数一源、多元校核,一次采集、重复使用"的原则,并按照数据资源目录采集数据。对数据分类分级进行管理,编制数据分类分级指南,规范数据安全级别制定流程。形成《数据分类分级清单》并完成数据中台分类分级配置。建立数据安全管理机制,根据数据敏感性和保密要求进行 L1 至 L5 分级管理,持续夯实学校数据底座。

三、深化外部数据协同

学校在促进校内外数据资源协同共享方面也有一定成效。通过政校企协同开发模式,成功打通教育部高校数据共享应用平台、小雅平台等 12 类外部数据源,数据总量超过 2100 万条,为党政决策分析、学生精准资助、智慧纪检监督、数字孪生建模、AI 科研挖掘、教学资源优化等 6 大业务领域提供实时数据支撑,覆盖 7 个职能部门与 8 个核心场景。在教学资源建设方面,成效尤为突出。通过对接小雅平台共同打造超 21 万个课程资源,包含课程思维导图、实验数据集、视频等十大类数字化资源,采用分布式存储集群,构建 9TB 级教育资源池。支撑 15.7 万师生在线协作,累计数据资源总量超千万条,日均产生的学习行为数据约有 43 万条。

第二节 建好"大平台",优化数据驱动支撑体系

数智时代的数据洪流与技术革新正重塑高等教育生态,而以数据为纽带、平台为载体的数智治理为提升教育现代化治理效能提供了新契机。学校创新构建了"教育教学大平台、学校治理大平台、运行监测大平台"三大数字化支撑平台,形成了独具特色的智慧治理平台体系,并以数据为纽带,以智能为驱动,实现了从传统管理向现代治理的深刻变革。

学校数字化支撑平台融合协同架构图如图 3-2 所示。

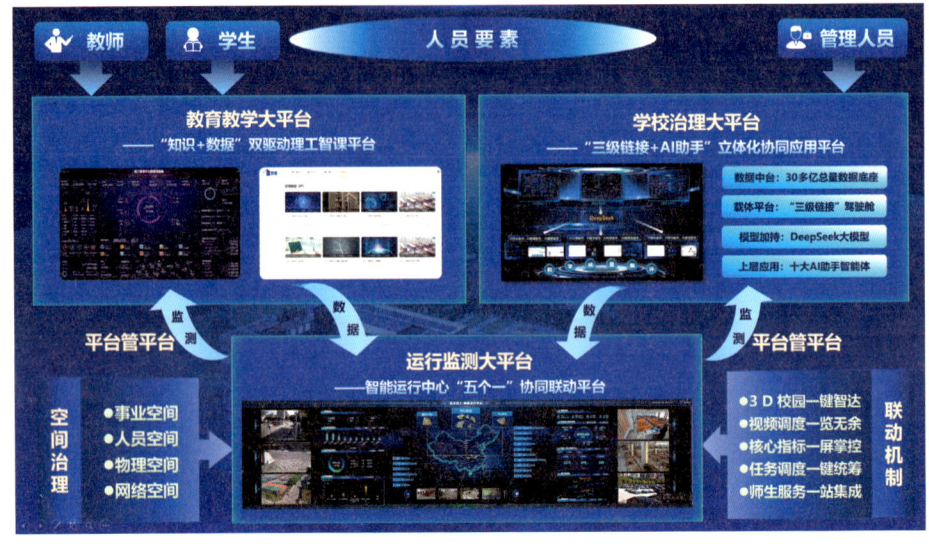

图 3-2 学校数字化支撑平台融合协同架构图

一、教育教学大平台:"知识+数据"双驱动理工智课平台

数字化驱动教育教学新发展有赖于挖掘技术的创新与应用,学校聚焦教学改革新动能,建设"知识+数据"双驱动的智课教学平台。学校在数字化建设过程中,坚持探索在以改善教室、设备设施环境为主的"硬智慧"基础上,不断转向全面覆盖教学的"软智慧"。学校还大力推进教学资源管理平台——理工智课平台和常态化直录播管理模块——理工智播平台的建设、部署,并探索其智慧化应用。

1."线上+线下"双空间融合育人模式

学校通过构建"线上+线下"双空间融合育人模式,创新性地打通了实体课堂与数字空间的边界,实现教学场域的全方位重构和育人效能的系统性提升,实现了教学场景、资源形态和学习方式的系统性变革。

在物理空间智能化改造方面,学校通过系统整合录播教室资源,构建了"智能终端+云端平台"的混合式教学环境,既保留了线下教学的真实互动体验,又通过智能化设备实现了教学过程的数字化采集和线上化呈现,使传统课堂教学焕发出新的活力。

在教学资源数字化转型方面，学校打造了 AI 赋能的智慧资源管理中枢。通过智能标签、自动编目、语义检索等关键技术，实现了海量教学资源的精准治理和高效利用。同时，平台提供的智能化制作工具显著降低了精品课程建设门槛，让每位教师都能便捷地参与优质教学资源建设。

在个性化育人体系构建方面，学校创新性地将知识图谱技术与学习分析相结合。通过自动化的知识点提取和课程图谱构建，结合数据分析，形成了"一生一策"的个性化学习支持系统。这套系统既满足了当前精准教学的需求，更为未来"千人千面"的智慧教育奠定了坚实基础。

这种双空间融合育人模式，通过物理空间与数字空间的协同创新，实现了教学场景、资源形态和学习方式的系统性变革，为新时代人才培养提供了创新性的解决方案。理工智课数智一体化教学平台整体架构如图 3-3 所示。

2. 教学资源供给模式创新

学校从教学平台入手，搭建理工智课平台，联通国家智慧教育平台和多类别合作平台，截止到 2025 年 3 月，累计汇集优质资源 60 万余条，开发校企联合微课程 150 余门，实现与襄阳示范区、三亚科教园等异地研究院互联互通，资源总量同两年前相比增长 256%。

在理工智课平台的基础上，进一步构建"师-机-生"三元教育场域，通过 AI 大模型为学生提供个性化学习方案，创新"校-企-地"协同机制，学校向外校输出和输入资源的课程门次及选课人数年均增长率持续提高，既满足了学生多元化学习需求，也强化了校际资源整合效能。校际合作从规模扩张向质量深化过渡，构建了校际教育共同体。学生在线学习时长达 418 万小时，年增长率为 93%。推动学生评价体系改革，促进学生全面发展，注重增量成长，实现学生从"卷绩点"到"卷能力"的转型突破。

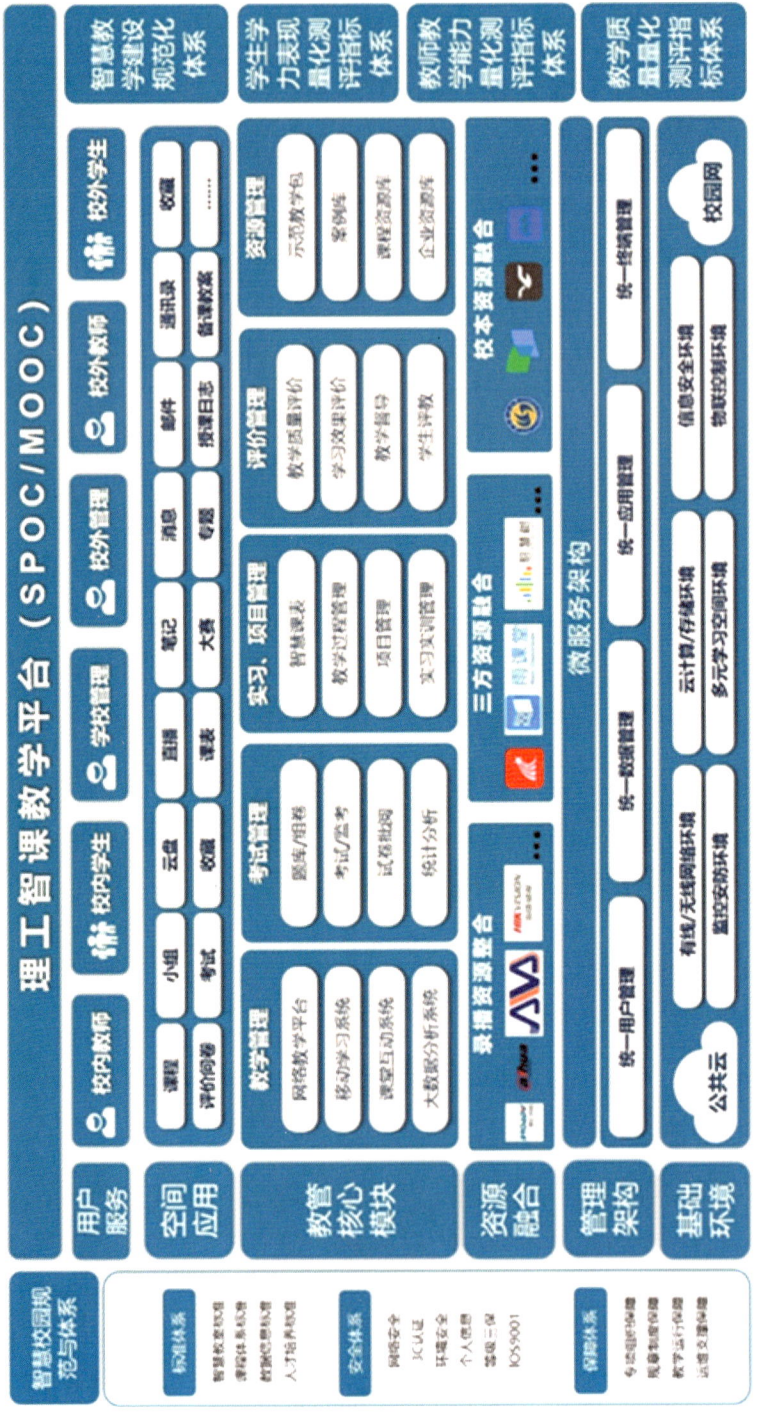

图 3-3 理工智课数智一体化教学平台整体架构

二、学校治理大平台:"三级链接"立体化数据驾驶舱

学校数智治理平台以"教、学、研、管、评、服"六大核心业务系统为数据源,通过标准化数据接口和伴随式采集技术,构建了全域实时数据采集体系。平台已对接30余个职能部门、169个业务系统,实现了科研活动数据、管理流程数据等全维度数据的实时汇集与融合,解决了长期存在的数据孤岛问题。数据基础层的建设,为后续数据治理、智能分析和决策支持提供了坚实的数据支撑,是推进高校治理现代化的关键基础体系。

1. 构建"三级链接"数据驱动协同平台

数据是数字化时代最重要的资源和资产,也是数字治理的核心要素。学校聚焦"数据"关键要素建成了数据中台,快速汇集了校内各业务领域30多亿条数据。数据体量大、分布系统多、分散程度高、治理难度大等一系列问题,为开展数据治理和挖掘数据价值带来了困难与挑战。如何让大数据资源变得"轻量化"?如何让错综复杂的数据链路"清晰化"?如何有效精准挖掘数据"富矿"?如何精准探索现代治理"新路径"?学校聚焦"三化"探索破解难题的"金钥匙"。

一是让庞杂的数据要素可视化。学校紧紧抓住"数据"这一关键要素,构建"1234"数据治理体系,搭建高速网络数据中台,无缝对接30多个部门的100多个业务系统,汇集30多亿条数据,构筑起开放、灵活、智能的数据中枢。学校以数据驾驶舱为治理载体,将繁杂的计算、建模、分析阶段置于后端,通过数据可视化将数据在前端直观、动态、简易地呈现,实现人与数的实时交互,加快数据治理、激发数据价值、赋能业务发展。

二是让可视的数据资源鲜活化。数据可视化通过数据入舱上屏消解了管理者的"视觉"疲劳问题,但数据不仅仅要易看、好看,关键还要有内涵,也就是要让数据"说话"。学校在数据可视化基础上,创新实施"红绿灯"计划,配置大量的模型算法,开展实时的分析预警,让可视化后的数据说出真话和实话。

三是让传统的管理模式数智化。学校按照"横向到边、纵向到底"的原则,一体化构建可穿透、可交互的校长—处长—院长"三级链接"数据驾驶

舱，包含 1 个校长驾驶舱、50 多个处长驾驶舱和 30 个院长驾驶舱，成功实现了数据"一屏掌控"、任务"一键智达"、执行"一贯到底"、监督"一览无余"，推动创新变革管理模式，重组与再造管理流程。

校长驾驶舱围绕学生、学科、教学、科研、人才等关键领域构建综合校情"十大指数"，共计 106 项关键指标，建立专题场景板块，集成迎新工作、基金申报、军训工作、职称申报等专项场景，聚焦学校每月关心关注的重点工作进行实时调度。处长驾驶舱围绕规划、监管、评估、服务四大职能，各部门选取核心业务领域的关键指标项搭建个性化数舱，各二级单位通过处长驾驶舱实现业务领域的数据驱动和提质增效。院长驾驶舱分学院概况、人才培养、教育教学、科学研究、师资队伍、党建思政 6 大主题共计 2700 余项关键指标，实现学院高质量发展核心指标、工作周报 AI 分析等内容实时呈现。院长驾驶舱在坚持共性的基础上，充分考虑各教学科研单位的办学特色与优势，实现个性化指标配置，有效支持学院科学决策，实现一屏统览、数据驱动的管理新模式。学校牢牢坚持"应用为王"，聚焦"三级链接"数据驾驶舱，深入推动现代大学治理创新变革。

2. 创新应用指标统一管理调度平台

在建设校长—处长—院长"三级链接"数据驾驶舱的过程中，学校就深刻认识到指标的重要性，经过全面梳理，学校办学治校关键指标达 2000 余项。这些指标分散在不同业务系统，计算逻辑复杂，口径标准不一。传统模式下，每次数据调用都需要重新建模计算，不仅效率低下，更存在严重的指标一致性问题。为此，学校创新性地打造了指标统一管理调度平台，实现了从数据碎片化到体系化、从经验决策到数据决策的质的飞跃。

一是统一指标标准体系。基于学校驾驶舱构建的核心领域指标体系，学校进一步明确每个指标的定义口径、计算逻辑、数据来源和更新频率，确保"同数同源、同标同果"。通过计算逻辑标准化，解决了以往部门间计算结果不一致的痛点问题。

二是统一建模分析工具。平台集成了动态建模引擎，支持指标的多维度钻取、趋势预测和关联分析。通过内置的"红绿灯"预警模型，可自动识别异常指标，当指标超过阈值时触发预警，推动管理部门提前干预。

三是统一调度管理机制。平台采用"集中管理、分级使用"的模式，建立指标全生命周期管理模式。所有指标经过严格审核后入库，各部门通过统一接口调用，确保数据的权威性和一致性。同时，平台支持指标的灵活组合和派生计算，满足不同层级、不同场景的治理需求。

指标管理平台的建设和应用，标志着学校数据治理进入新阶段，不仅解决了数据"有没有"的问题，更回答了数据"怎么用"的问题，为高校推进治理体系和治理能力现代化提供了可复制、可推广的实践经验。

3. 示范打造数字孪生校园底座平台

学校以"场景驱动、数智赋能"为核心理念，持续推动元宇宙校园建设，示范打造了数字孪生校园底座应用场景，构建涵盖数字孪生校园底座一张图、网络一张图、教室一张图、异地研究院一张图、应用一张图、能源一张图、交通一张图、安防一张图、安全一张图、资产一张图等十大功能，为学校运行管理提供支撑。

（1）数字孪生校园底座一张图：集成 BIM 建模、GIS 数据、CAD 图纸、倾斜摄影等数据，利用 3D 建模技术和 Unity 引擎，实现建筑、管网、设备等三维可视化，辅助校园规划决策效率提升 40%。

（2）网络一张图：在"校园网络管理"应用场景中，通过对网络流量进行采集分析，有效解决师生稳定上网问题。

（3）教室一张图：在"智慧教室"应用场景中，通过 AI 算法实时分析每节课到课率和师生状态，结合学生分数，紧密关注到课率低的课堂。

（4）异地研究院一张图：在"异地研究院"应用场景中，通过提供统一的评估标准，确保不同机构之间的考核公平性和一致性，使学校能够更清晰地了解科研机构的运行状况和成果。

（5）应用一张图：在"性能实时追踪"应用场景中，通过分布式采集 CPU、内存、磁盘等核心指标数据，结合数据图动态展示服务器集群负载状态，自动触发阈值告警并生成扩容建议，将硬件故障率降低 30%；在"资源智能调度"应用场景中，基于历史负载数据训练 AI 预测模型，按业务优先级动态分配算力资源，使闲置服务器自动切换至低耗休眠模式，一年节省机房电费超 20%。

（6）能源一张图：在"智能能耗监测"应用场景中，通过物联网传感器实时采集教学楼、宿舍区的水电数据，结合 AI 算法生成分时能耗数据图，自动识别空调超温、长明灯等异常能耗行为，将能耗管理从粗放式转为精细化，在降低成本的同时，助力碳中和目标达成。

（7）交通一张图：在"智能车辆调度"应用场景中，通过物联网设备实时监控校内班车、共享单车位置与流量，结合 AI 算法动态规划最优行驶路径，将师生通勤等待时间缩短 40%；在"停车导航管理"应用场景中，利用车牌识别与定位技术生成空位数据图，联动导航 App 精准引导车辆停放，车位周转率提升 65%。

（8）安防一张图：在"视频智能巡检"应用场景中，通过 AI 视频分析技术自动识别翻墙、聚集斗殴等异常行为，联动声光报警装置实时驱离，安全隐患响应时间压缩至 10 秒内。

（9）安全一张图：在"安全隐患监测"应用场景中，部署烟感与红外传感器网络实时监测实验室、宿舍情况，自动预警至负责人，火灾风险排查效率提升 50%；在"危化品管理"应用场景中，通过 RFID 标签追踪试剂存取记录，结合电子围栏预警非法携带出库，危化品遗失事件归零。

（10）资产一张图：在"资产利用率优化"应用场景中，基于设备使用频次、维修记录等数据训练 AI 模型，动态推荐闲置设备跨部门调拨方案，教学仪器年均利用率从 58%提升至 82%。

三、运行监测大平台："五个一"协同联动运行机制

2024 年 7 月，学校智能运行中心进入实体化运行，为充分发挥数据感知监测、数据价值挖掘的核心作用，基于数字孪生底座，按照"集成化"思路，建设智能运行中心（IOC）驾驶舱，构建了核心指标一屏掌控、任务调度一键统筹、3D 校园一键智达、视频调度一览无余、师生服务一站集成的"五个一"联动机制，实现实时交互、协同联动，推动管理扁平化、高效化。

1. 核心指标一屏掌控

IOC 驾驶舱全面展现了各职能部门落实学校高质量发展核心指标的进展情况，通过"红绿灯"模型进行科学分析和即时预警，实现对工作过程的超

前监测和提前干预。以 2024 年高质量发展核心指标为例，共计 111 项，其中绿灯 99 项、黄灯 0 项、红灯 7 项、白灯 5 项，确保工作进展可视化、管理过程精准化。针对教学科研单位，IOC 驾驶舱直观展现各教学科研单位的指标完成率，并按从高到低的顺序进行排序。同时，对各单位的"红绿灯"状况进行统计分析，并可实现红绿灯预警信息推送，实现问题早发现、风险早控制，为各教学科研单位履职尽责提供关口前移服务，确保学校各项工作能够落实落地。

2. 任务调度一键统筹

IOC 以"问题驱动、任务驱动、战略驱动"为导向，建立"周调度会"制度，通过数据感知、价值挖掘，对学校发展全局的痛难点、重点工作和战略任务进行感知监测、分析预警、协同调度。调度任务落实情况以"三级链接"驾驶舱、全域数据感知驾驶舱、周报系统数据复核为主，现场核查为辅；调度任务推进计划由相关牵头部门提供。IOC 周报调度任务以周推进方式进行，实行"红绿灯"预警。调度会由校长主持，相关校领导和调度任务牵头部门主要负责人参加，每周有计划、每周有复核，强化过程管理，督促各二级单位协同落实学校重点工作任务，助推学校治理工作从数据感知分析向价值挖掘和驱动赋能阶段提档升级。

3. 3D 校园一键智达

学校聚焦网络、能源、交通、安防、资产、应用、运维、安全等主题，构建了三维可视化数字孪生底座，实现相关领域的运行状态即时感知、问题预警精准定位。同时，我们也对异地校区、异地科研机构运行状态实现了实时感知，通过标准化建模实现跨区域业务协同与资源统筹，为"一校多区"战略提供智能治理解决方案，推动办学主体从规模扩张向精细化、智能化管理转型，助力教育现代化治理能力升级。

4. 视频调度一览无余

IOC 驾驶舱对接了安防平台的 1000 多路监控视频流，覆盖门禁、交通、大型场所、教学、生活和其他六大主题，实现实时调度、快速响应。在每类监控视频板块中，可灵活切换视角，精准聚焦各类场景。在大型活动或重要节日期间，可对重点区域实施重点监测。2024 年 9 月 7 日，校领导在 IOC 开展本科生迎新调度工作。通过接入校园门禁系统、智慧交通系统、视频监控系统、融合通信指挥系统，IOC 大屏上呈现了迎新期间含校园周界人流量、校园机动车承载量、校园道路交通流量的迎新现场实时交通综合感知体系。基于视频调度，实现资源配置更加精准、应急处置更加有力。

5. 师生服务一站集成

IOC 始终坚持以师生为中心理念，开通 4 部 IOC 师生服务热线，对师生来电反映事项进行快速响应、高效办理、及时反馈。热线已成为 IOC 密切联系师生、为师生办实事解难事的重要平台。IOC 做到了接诉即办、未诉先办、共接共办，师生表示"IOC 师生服务热线给生活带来了极大的便利与保障"。智能运行中心还建设运行理工百事通，协同各二级单位整合校园内服务资源，构建师生服务一站集成体系。此外，IOC 深入开展模型训练，提升校园服务的便捷性与智能性，致力于为师生提供一站式、精准化的信息查询服务。

第三节 构建"大模型"，加快推动人工智能赋能

学校抢抓教育数字化发展新赛道，认真落实教育部数字教育集成化、智能化、国际化专项行动暨"扩优提质年"工作要求，对标教育部人工智能大模型应用示范（LEAD）行动，深入实施人工智能赋能教育行动，围绕标准引领、场景驱动全面开展人工智能示范行动。

一、构建"技术驱动+伦理约束"双轨机制

为加快人工智能在教育领域的深度融合与创新应用，推动人工智能技术赋能学校高质量发展，确保人工智能技术服务、管理和应用规范安全可控可靠，学校以"安全可控、创新引领"为核心，构建"统筹管理—技术保障—应用实施"三级职责体系，制定并发布了高校领域的首个人工智能制度——《武汉理工大学人工智能技术应用管理办法（试行）》，为学校深入实施人工智能赋能教育行动提供制度遵循。"技术驱动+伦理约束"的双轨机制，为全国高校探索教育数字化治理、构建智能时代教育新生态树立了标杆，为推动人工智能技术在教育领域的健康、有序、可持续发展提供了有益参考。

二、实施人工智能赋能教育行动"1+1+N"计划

2024年4月开始，学校快速推动人工智能应用进程，与人工智能行业龙头企业开展战略合作，双方签署战略合作协议并启动实施"人工智能+教育"行动，共同提出人工智能赋能教育行动"1+1+N"计划，依托校企"业务+技术"双轮驱动，携手建设智能时代标杆大学。

其中，第一个"1"即打造大模型公共支撑底座，双方协同开展大模型本地化部署和应用，为人工智能场景建设提供大模型支撑平台和接口调用能力，助力AI大模型应用；第二个"1"即共建1个"AI+"智慧教育研究中心，双方共同聚焦理论研究、制度标准、人工智能白皮书等领域开展协同研究，发布人工智能领域的研究成果；第三个"N"即共同打造若干个"人工智能+教育"标杆应用场景。2024年学校启动首批人工智能场景建设，打造了AIMind知识图谱、AI学伴、AI科研助手、AI校长助理、AI爱阅书伴等标杆应用场景。学校还专门建设了人工智能应用场景过程管理平台，实现了AI场景应用数据实时采集、汇集分析和评估反馈。截至2025年4月，首批6个应用场景累计完成50个功能模块建设，人工智能赋能教育高质量发展成效持续彰显。

三、快速推进DeepSeek大模型本地部署

自2025年2月起，DeepSeek大模型广泛应用，为各行各业带来了颠覆性的变革，在此背景下，学校主动求变，通过超前识别与积极应变，迅速推动DeepSeek大模型本地化部署。2025年2月开学前学校已经实现了DeepSeek-R1模型本地化部署和3个公有云版本部署，并集成至学校智慧理工大统一门户，供师生申请试用，成为首批完成DeepSeek部署的高校。截至2025年3月，学校已经有2.2万名师生申请使用，DeepSeek访问量达到了84万余次，Token使用量达到25亿次。

四、打造首个"材料+"专属大模型

学校开展AI应用场景建设之初，就统筹推进学校教育领域专题大模型建设，依托学校双一流学科"材料科学与工程"的优质学科资源和数据进行训

练和推理，探索构建了学校首个 AI 专题大模型——"材料+"大模型。大模型结合人才培养的核心场景构建智能体应用，包括知识创新中心、大模型学科工具、虚拟人智能问答、自适应学习中心、课程思政素材库、文献知识智能检索和材料+大模型运行驾驶舱等，为教师提供丰富的教学资源和备授课工具；为学生提供个性化的自适应学习平台和 24 小时在线的学科"虚拟助教"；为管理者提供人才培养大数据看板，让人工智能成为数字化管理和发展的抓手，实现了人工智能赋能高等教育教、学、研、管、服的创新应用。自 2024 年 9 月份发布以来，"材料+"大模型服务上千师生，有效提升了学校人才培养质量，促进了教师角色转型，打造了资源应用新模式。

2024 年 11 月，教育部公布了第二批"人工智能+高等教育"应用场景典型案例，学校《"材料+"大模型赋能拔尖创新人才培养的应用实践》成功入选。2025 年 3 月，教育部召开国家教育数字化战略行动 2025 年部署会，会议上发布了国家智慧教育平台 2.0 智能版，并公布了 13 个高质量的学科大模型（GEST），学校材料学科大模型再次入选。依托"材料+"学科大模型，学校不断强化人工智能在高等教育的探索和实践，全面提高人才自主培养质量，构建教育教学新形态。

五、打造现代大学治理智能体矩阵

学校以前瞻布局"AI+"战略，加快推进"数字化"向"AI 化"迭代跃升，深入推动人工智能技术与教育治理创新融合，系统性构建现代大学数智治理 AI 智能体应用矩阵，一体化提升学校智能化管理和智慧化服务水平，通过 AI 赋能为教育现代化注入新动能。

1. AI 人事助手

2025 年 3 月，学校快速推进 AI 智能体建设，创新打造了 AI 人事助手，建成智能分发、智能分析和智能问答三大智能体。智能分发智能体实现了将学校 120 余项党政工作要点和重点指标分发到各职能部门和教学科研单位；智能分析智能体对关键指标进行历史数据对比与分析，增减变化、比例趋势一目了然，辅助决策更加精准；智能问答智能体具有集成化的功能，通过 AI 问答可快速提供关于工作要点、指标完成情况及往年对比等信息的答案。AI

人事助手作为学校管理决策的智能助手，使任务分发更加高效，任务感知更加敏捷，为提升工作效率和决策精准度提供了有力支持。

2. AI 宣传助手

AI 宣传助手依托学校智慧宣传系统，利用 AI 技术围绕有组织宣传、有分析预警、有温度服务三大应用场景展开工作，实现宣传内容精准投放，舆情动态实时感知，师生需求贴心响应，全面提升校园宣传效能。通过对学校、学部、学院宣传情况进行分析，精准分析学校各层级、各领域宣传情况，为学校决策提供精细支持；实时感知舆情动态，及时预警潜在风险，确保校园安全稳定；根据师生需求，提供个性化宣传服务，精准"找图片"、智能"写稿件"、一键"做视频"，以智能化手段提升宣传效率。AI 宣传助手能够使 PC 端、移动端协同，语音和文字便捷交互，结合本地和联网数据对比分析，实现更高效的跨平台联动，助力校园文化多维传播，打造智慧校园宣传新生态。

3. AI 视频助手

AI 视频助手智能体充当学校千里眼的角色，集成了学校物联平台和安防平台各类场景的摄像头，能够实现通过"一问即答"调用学校的摄像头，校长通过 AI 视频助手可以轻松调阅校园内的任意一个摄像头，变革了传统通过登录管理后台逐级点击才能查看的方式，大大提升调取视频的效率。基于 AI 视频助手，原先督导巡课、新学期教学检查在 AI 加持之下，就变成 AI 督导巡课和 AI 教学检查等全新应用场景，同时推动"无感式"教学评估迎来升级，通过 AI 助手调取课堂视频实现线上听课和评估，让校园治理更加扁平、更加精准。

4. AI 理工百事通

AI 理工百事通是学校最早建设的校级智能服务平台之一。百事通整合了学校多个部门的知识资源，构建了涵盖后勤保障、网络服务、科学研究、合作交流等多个维度共计 8000 余份资料的知识库，依托大模型作为核心驱动，通过智能问答、应用集成、数据挖掘等手段提升服务水平和决策参谋水平，受到校内师生广泛好评。自 2024 年 5 月上线以来，该智能体已累计回答师生问题 83045 条，服务师生人数达 18057 人。

5. AI 科研助手

AI 科研助手智能体通过汇集全校师生基金、项目、论文、科研经费等全域数据，基于大数据画像智能推荐算法，实现科研工作者智能画像和智能推荐系统。AI 科研助手通过简单的问答即可快速分析热门科研领域教师的科研情况和排名，精准定位到与当前项目匹配度最高的科研团队和老师。学校基于该智能体就能在科研项目组织和申报过程中进行智能匹配与智能推荐，从而开展更加有组织、有协同的科学研究，助力科研工作提质增效。

6. AI 智慧体育

该智能体对学校体测平台数据进行分析，对学生体育训练全周期进行数字孪生建模，可通过问答调取单个学生的体测运动情况和历史趋势，并对学生给予科学运动建议和体质健康预警。

7. AI 爱阅书伴

AI 爱阅书伴智能体于 2024 年 10 月正式上线，基于图书馆馆情大数据和读者行为画像，构建"智能问答—精准荐书—业务办理"全场景服务体系。目前，已接入多个 AI 大模型，累计服务活跃读者 6000 余人，完成智能问答与线上业务办理 5.56 万余次。

学校将持续以"人工智能+"为战略支点，开展重点领域的智能化升级，着力构建"AI+数据"治理新生态，推动大学治理全流程 AI 赋能，实现学校教育事业高质量发展。

第四章　系统筑牢数字化转型的"安全防线"

学校高度重视网络安全工作，科学统筹发展和安全的关系，在数字化转型标杆大学建设的过程中，坚持问题导向、目标导向和效果导向，坚持网络安全和数字化双轮驱动，统一谋划、统一部署、统一推进、统一实施，不断加强学校网络安全保障体系建设，努力实现高质量发展和高水平安全的良性互动。

第一节　网络与数据安全防护

一、网络安全防护

1. 网络防火墙：在边界实时监控和过滤网络流量，阻断外部攻击和非法访问，防范 DDoS、网络病毒等威胁。在数据中心，采用主备模式，通过流量检测和访问控制策略，精确管理内外网通信，确保仅授权流量可访问关键业务系统。

2. Web 应用防护墙：为网站、APP 等 Web 业务系统提供安全防护，通过执行针对 HTTP/HTTPS 的安全策略，识别和阻止如 SQL 注入、跨站脚本（XSS）、跨站请求伪造（CSRF）等恶意流量，防范 Web 应用程序遭受的网络攻击。

3. 日志审计系统：通过对网络设备、安全设备、主机和应用系统等日志进行统一的标准化处理，实施全生命周期管理。系统通过精细化的审计和关联分析，及时发现安全威胁、异常行为事件，并支持事件溯源与取证。

4. 上网行为管理系统：通过分析用户流量日志数据，实现上网行为管理、协议识别、故障定位及行为审计等功能，并对网络流量实现细粒度的可视、可控、可审计，同时为网络优化提供直接参考数据。

二、数据安全防护

1. 数据库防火墙：串联部署在数据库服务器之前，实现数据库协议分析，可根据 SQL 语句执行结果风险的等级自动阻断高风险操作，还可实现对数据库漏洞的虚拟补丁功能，保护数据库安全。

2. 数据库漏洞扫描与安全风险评估系统：用于检查数据库资产的漏洞、配置缺陷、弱口令等安全隐患。能够基于策略自动发现系统中的敏感数据，标记高风险数据并保存，为数据脱敏、加密、打水印等打下基础。

3. 数据库审计系统：通过分析并记录数据库流量、运行的语句及其影响的数据，对数据库操作进行细粒度合规性的审计管理，同时对数据库遭受到的风险行为进行实时告警。此外，基于对用户访问数据库行为的记录、汇总和分析，定位事件原因并实现事故溯源。

第二节　信息安全与综合防护

一、信息安全防护

学校建设了网站群平台，实现了 230 多个网站的集中统一管理，服务的范围包括 5 大校级官方网站、超过 80%二级单位的官方网站、校级重要专题活动网站、外文网站等。通过网站群平台，学校信息化部门和各用户单位按照业务分工，协同工作，实现了平台建设集约化、网站建设协同化、安全运维一体化、应急处置专业化，有效地保障了网络意识形态安全。

学校还将安全风险防控关口前移。网站群平台在内容编辑阶段，内嵌了错敏词、不规范表述等在线检测功能，在信息发布的时候，进行相关内容的错误提示并提供修改建议，信息发布人员可以根据提示修改网站信息内容，从而有效减少了网站错误表述和不规范表述的信息数量。

信息化部门还定期、不定期开展专项信息清查。对于需要处理的非法外链、个人敏感信息等信息及时开展清查整治，有效保障了网站内容安全。

二、综合防护手段

1. 漏洞扫描系统：对指定 IP 地址或 IP 地址段进行漏洞扫描，同时完成 Web 漏洞、主机漏洞、安全基线合规检查。

2. XDR（可拓展威胁检测与响应）系统：已经在 120 多台主机上安装 Agent。通过机器学习算法，全方位、持续化地监控并分析主机安全状态。通过构建威胁图谱，自动识别和处置各类安全事件，自适应应对不断变化的高级隐蔽攻击。

3. 态势感知系统：结合大数据技术和人工智能算法，运用用户实体行为分析、多维态势感知等技术，使学校全局网络安全态势感知能力大幅提高，便于安全运维人员及时发现并及时处置漏洞。在重要时期、网络安全攻防演练期间等场景下，可以结合安全编排与自动化响应措施，协调各网络安全设备，实现对于异常网络行为的自动阻断。

4. APT 攻击预警系统：基于不断完善的特征库、检测策略、深度分析模型、沙箱动态分析，结合机器学习和云端威胁情报，实时发现网络流量中的各种已知威胁和未知威胁，将流量和安全事件信息输送到态势感知系统。

5. 蜜罐系统：系统从攻击者视角出发，在一些关键位置上构造陷阱，混淆其攻击目标，精确感知并溯源攻击行为。通过与防火墙联动，实现攻击行为的自动阻断。

6. 网络安全综合管理平台：对学校的网络资产和漏洞风险进行动态管理，实现了风险漏洞的通报、处置、验证等全过程管理。2024 年，学校发布风险漏洞通报 350 余起，完成整改 339 起，整改率 96.9%，其中，高危漏洞 282 起，完成整改 274 起，整改率达 97.2%。

学校深入学习贯彻习近平总书记关于网络强国的重要思想，以党委网络安全责任制实施及考核评价和网络安全等级保护测评为主要抓手，将网络安全工作深度融入日常管理工作。

学校注重网络信息安全管理及技术保障专业队伍建设：目前，获得 ECSP 认证证书的人数达到 12 人，二级单位信息化和网络安全工作分管领导和联络员队伍，共计 140 余人。网络安全教育实现全员覆盖，在职职工年均接受网络安全培训超过 5 学时。网络安全经费保障优先，年度网络安全建设经费占比超过 10%。

近年来，学校网络安全形势保持整体平稳，未发生重大网络安全责任事件，并在上级部门组织的网络安全攻防演练活动中取得了较好成绩。

第三篇

应用为王：
全域数字赋能提质增效

高等教育数字化转型更加注重应用为王，构建教育新生态，服务差异化教学、个性化学习和精细化管理；更加凸显数字赋能提质增效，促进新兴技术与教育深度融合，助力实现"人人皆学、处处能学、时时可学"的学习型社会。学校紧密围绕教、学、研、管、评、服等全领域开展全方位、全环节应用赋能，创新打造一系列典型应用场景，全域数字赋能成效显著。

第五章 数字赋能教育教学创新

高等教育数字化就是通过彻底和全面的数字化转型，形成数据驱动、人技结合、跨界开放的教育生态，构建更加敏捷、适切、公平、可持续的高等教育体系，为学习者提供全面和丰富的学习体验。学校结合自身理工科和行业特色，自2022年开始实施"5·30"高质量人才培养行动计划，以教育数字化为支撑，通过实施"五新"和"三十条举措"推动教育教学系统性变革，重构教育生态并实现高质量发展。学校结合已有的数字化建设基础，创新运用"MEMS工作法"推进办学模式数字化转型，寻找新的数字化建设工作抓手，以此推动教育教学体系的系统性重构、整体性重塑、机制性重建。

第一节 重塑数智时代人才培养新标准

面对日新月异发展的信息技术，必须把握好教育教学的"变"与"不变"。"不变"的是立德树人的根本任务、教育的基本理论和教学的原则。变的是对人才培养目标与体系、专业培养方案与课程设计、课堂教学模式与评价体系、教学管理与保障体系、教学基础设施与环境等教学相关的环节与流程进行系统化重构，形成符合学校实际情况与发展需求的数字化教学解决方案，构建数据驱动的创新型教育教学应用场景。

一、重构人才培养质量新标准

学校围绕立德树人根本任务，紧盯数智时代创新人才培养新需要，全面优化人才培养目标，重构面向新质生产力的"五育并举"人才培养新标准；瞄准国家急需的"高、精、尖、缺"领域，探索开展专业分类建设与管理，制定专业建设标准体系，实施常态化专业画像与动态管理，发布专业建设红绿灯系统，开展专业建设评价预警，依据评价结果确定警告、减少招生计划与停招等处理措施，全面推进专业结构优化调整。

学校坚持以"德育为先、能力为重、知识为基"为核心，全面优化人才培养课程体系标准，突出"跨学科融合+数字能力贯通"特色，同时面向数智时代人才培养需求，建设涵盖人工智能通识素养课、人工智能技术平台课、人工智能与专业融合课等多层次分层递进、多类型通专融合的人工智能与专业教育深度融合的课程体系，通过制定数字化课程建设规范，出台课程过程性考核实施细则，开展课程学习预警，加强过程性考核，实施精准帮扶。智能时代的"德育为先、能力为重、知识为基"教育支撑体系如图 5-1 所示。数字化重塑人才培养"基因图谱"如图 5-2 所示。

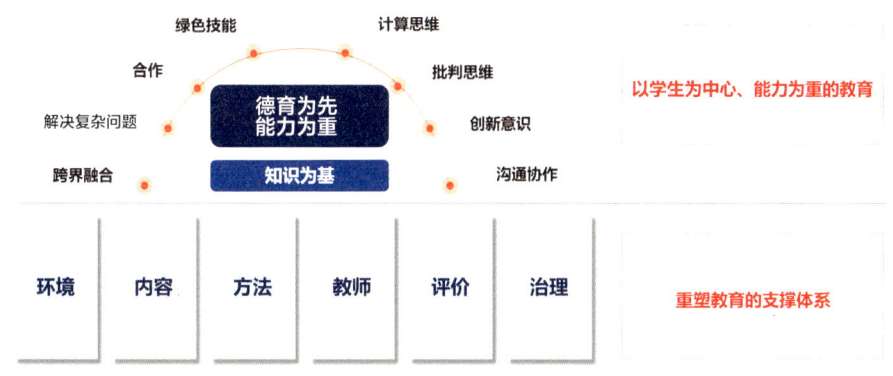

图 5-1　智能时代的"德育为先、能力为重、知识为基"教育支撑体系

学校面向传统课堂教学中教与育的结构性矛盾，以汽车学院为试点，构建智慧课堂、实训工坊、线上学堂、社区服务四位一体的育人场景，开展教与育的结构性调整与标准制定，实现"教学主体转变，时空场景转变，评价体系转变"三个核心转变。探索推出核心课程"课程时空重置计划"，重构课程学时分布：授课 50%+项目研讨 20%+虚拟仿真实验 15%+企业现场教学 15%。同时，通过课程内容"返还计划"，将时间还给学生，将能力教给学生。开设"人工智能导论""数字人文"等通识选修课程，培养学生人工智能时代的技术思维。新增"机器学习与数据挖掘""自然语言处理"等技术

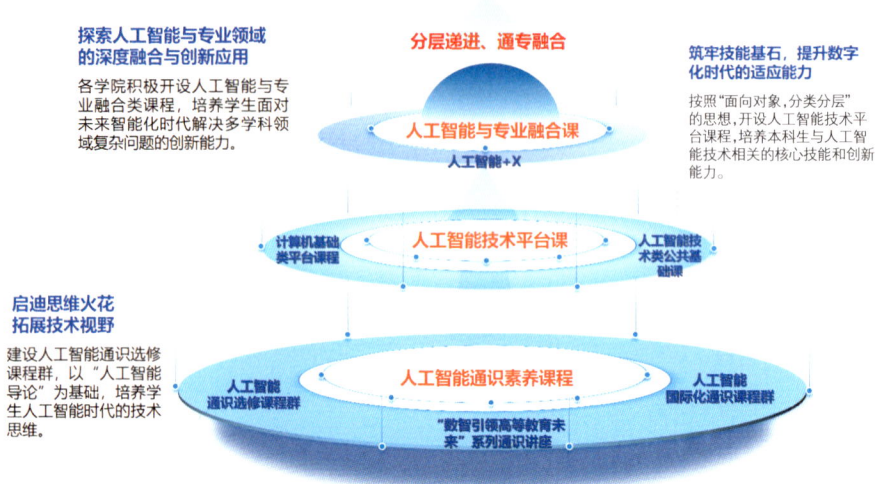

图 5-2 数字化重塑人才培养"基因图谱"

平台课,开发"AI+专业"融合课程 296 门,实现专业核心课程的智能化升级。

从人才培养标准的基因重构,到专业画像的精准把脉,学校以数字化思维破解数智时代人才培养同质化与滞后性难题,走出一条"数据驱动、动态迭代、特色发展"的人才培养转型升级之路。学校还将继续深化人工智能、大数据技术与教育教学的融合创新,打造更具前瞻性、适应性的人才培养生态系统,为高等教育专业结构调整、教与育的结构性转变提供"数字化解决方案"。数字化重塑人才培养"新标准"如图 5-3 所示。

二、重构学生综合能力标准

学校围绕立德树人的根本任务,按照"德育为先、能力为重、知识为基"的教育理念,侧重学生的认知能力、合作能力、创新能力和职业能力等四方面能力发展,重构学生综合能力标准,建立涵盖学生思想道德与行为规范、自我管理与融入集体、创新思维与创新实践、跨界融合与国际视野、专业知识与工具使用、动手实践与问题解决、信息加工与学习思考、沟通交流与文字写作等八类能力素养的评价模型,通过对学生德智体美劳等各方面过程数

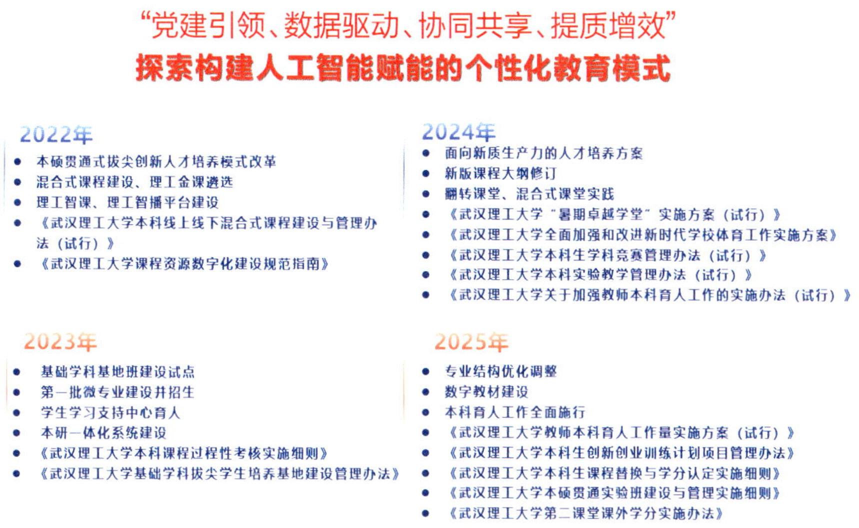

“党建引领、数据驱动、协同共享、提质增效”
探索构建人工智能赋能的个性化教育模式
2022年
本硕贯通式拔尖创新人才培养模式改革
混合式课程建设、理工金课遴选
理工智课、理工智播平台建设
《武汉理工大学本科线上线下混合式课程建设与管理办法（试行）》
《武汉理工大学课程资源数字化建设规范指南》
2024年
面向新质生产力的人才培养方案
新版课程大纲修订
翻转课堂、混合式课堂实践
《武汉理工大学“暑期卓越学堂”实施方案（试行）》
《武汉理工大学全面加强和改进新时代学校体育工作实施方案》
《武汉理工大学本科生学科竞赛管理办法（试行）》
《武汉理工大学本科实验教学管理办法（试行）》
《武汉理工大学关于加强教师本科育人工作的实施办法（试行）》
2023年
基础学科基地班建设试点
第一批微专业建设并招生
学生学习支持中心育人
本研一体化系统建设
《武汉理工大学本科课程过程性考核实施细则》
《武汉理工大学基础学科拔尖学生培养基地建设管理办法》
2025年
专业结构优化调整
数字教材建设
本科育人工作全面施行
《武汉理工大学教师本科育人工作量实施方案（试行）》
《武汉理工大学本科生创新创业训练计划项目管理办法》
《武汉理工大学本科生课程替换与学分认定实施细则》
《武汉理工大学本硕贯通实验班建设与管理实施细则》
《武汉理工大学第二课堂课外学分实施办法》

图 **5-3**　数字化重塑人才培养“新标准”

据的分类汇总与综合计算分析，对学生进行全维度数据画像，为学生个性化发展提供指导与帮扶。学生毕业时除了获得毕业证、学位证以外，还可获得一项综合能力证书。学生综合能力和能力素养指标如图 5-4 所示。

能力指数
综合能力
认知能力
职业能力
创新能力
合作能力
个人得分 专业平均分 班级平均分
能力素养
信息加工与学习思考
动手实践与问题解决
专业知识与工具使用
跨界融合与国际视野
创新思维与创新实践
自我管理与融入集体
思想道德与行为规范
沟通交流与文字写作
个人得分 专业平均分 班级平均分

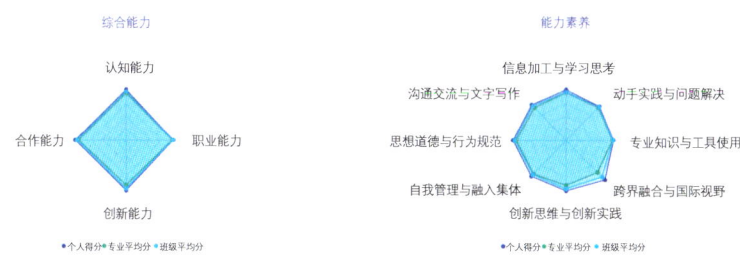

图 **5-4**　学生综合能力和能力素养指标

三、AI 赋能教学质量新评价

1．数智化教学质量评价

学校建设了本科教育教学质量数据驾驶舱，涵盖学校概况、党的领导、质量保障能力、教育教学水平、教育教学综合改革、特色案例共 6 个板块，涉及 4 个一级指标点、12 个二级指标点、38 个定性指标点、39 个定量指标点，对学校本科教育教学工作"全貌"进行全方位审核提供重要支撑。自 2023 年 12 月 5 日至 2024 年 1 月 15 日，在新一轮本科教育教学审核评估中，专家组采取线上方式全面审读评估报告、调阅材料、听课看课、访谈座谈，通过对本科教育质量数据驾驶舱、线上实验实践教学资源、教育教学平台的全面考察验证，形成了评估报告及问题清单。学校是首个"全程线上不入校"本科审核评估试点的院校。

2. 课堂分析与评价协同应用

在课堂教学评价方面，学校探索出基于人工智能、大数据分析的 AI+人工督导的多模态巡课系统——理工智巡，综合利用理工智课、理工智播和 AI 能力与算法对课堂进行多模态智能分析与评价。理工智课、理工智播、AI 智能巡课逻辑关系如图 5-5 所示。

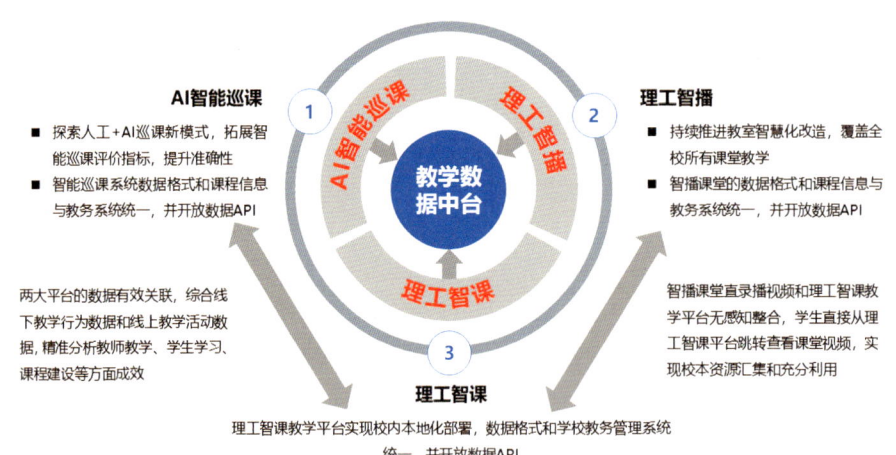

图 5-5　理工智课、理工智播、AI 智能巡课逻辑关系

AI 指标分析涵盖了 20 多种不同的维度，结合课堂的音视频资料，可以验证分析维度的准确性，确保 AI 智能分析有据可依，增强其科学性和客观性。AI 智能巡课系统在实际应用中对课堂教学行为进行整体分析，全面实现了"人机协同"的高效教学评价模式。AI 智能巡课系统已成功应用于全

校三片五校区的 400 余间教室，实现常态化 AI 智能巡课。

四、学生画像实现评价增值

学校基于学生的海量数据对学生进行综合评价，开发了学生画像及综合能力评价系统，为学生成长发展提供评价标准。

学生画像系统设计了个人画像、群体画像、群体对比、预警预测等应用。学生画像以"德智体美劳"五育为主构建指标体系：德育包括理想信念、道德法纪、热爱集体、学习态度 4 个二级指标；智育包括学业表现和学术能力 2 个二级指标；体育包括身体素质和运动能力 2 个二级指标；美育包括审美素养和文化艺术 2 个二级指标；劳育包括劳动意识和劳动实践 2 个二级指标。每个二级指标包含若干个观测点，每个观测点又有对应的数据项，按照不同权重最终形成学生五育指数。在评分中以雷达图形式展示学生基本情况，鼓励学生五育并举、综合发展。

能力是素质的外在体现，基于《关于深化教育体制机制改革的意见》中的四种关键能力，学校开发设计了学生综合能力评价系统，开设个人评价、群体评价、年度能力报告、能力证书 4 个应用板块，构建了学生综合能力评价指标体系，一级指标为认知能力、合作能力、创新能力、职业能力，另有 8 个二级指标和 23 个观测点。

基于学校数据中台，学校采用系统共享、单位提供和学生自报的综合方式产生学生画像与综合能力评价的数据。学生画像共梳理了 240 个数据项需求，涉及 10 个部门、53 张数据表，其中 229 项从学校数据中台获取，其他数据由单位提供或学生自报。综合能力评价共梳理了 85 个数据项需求，大部分与学生画像需求数据重合。

学生画像建立后，主要用于"看"和"用"。"看"可以根据业务模型及不同的角色需求呈现学生个人画像以及群体画像。"用"是数字画像呈现的最终目的，包括为学生个体成长发展进行评价诊断（服务于学生个体）、为学校教育教学开展进行评价诊断和学生管理（服务于学校管理部门）。

年度能力报告能够对学生年度能力成长相关数据的情况进行汇总，形成有价值的微信推送报告，对学生综合能力进行阶段性的诊断和建议。能力证书在学生毕业时发放，是除学位证、毕业证以外的第三个证书，可实现学生的增值评价。

第二节 激活知识数据双驱动的新动能

学校遵照高起点、高位阶创新建设了"知识+数据"双驱动智课平台，在全方位感知数据的基础上开展教育教学改革，着力推行人机协同的新型教学，实现教学资源精准供给、教学方法与流程再造、学情动态预警与学习路径个性规划，一体化推进双师、双空间建设，满足学生多元化和个性化发展需求。

一、赋能混合式教学与翻转课堂常态化开展

理工智课教学平台集成学校所有课程的数字化教学资源，为全校师生提供线上和线下深度融合的教学环境。平台实现了教学数据、资源共享交换和全过程教学数据采集，通过AI赋能，已具备课程视频按知识点自动切片、教学互动数据分析等功能，有效支持师生课前、课中和课后全过程贯通和"双空间"融合的线上线下混合教学与翻转课堂开展。课前，教师在理工智课平台发布教学资源与任务，平台根据历史数据匹配推送差异化任务清单；课中，通过课堂答题数据动态调整讲解重点；AI助教自动分组，引导差异化讨论；课后，基于作业批改数据形成个人错题本，显著提升了教学质量和学习效果。理工智课平台数据驾驶舱如图5-6所示。

截至2025年4月26日，学校在理工智课平台建立了34063门面向本科生的课程，开设了28269个课程空间。课堂空间的总访问量是20859705人次，平均每个课堂的访问量是5345.49人次，具体情况如图5-7所示。

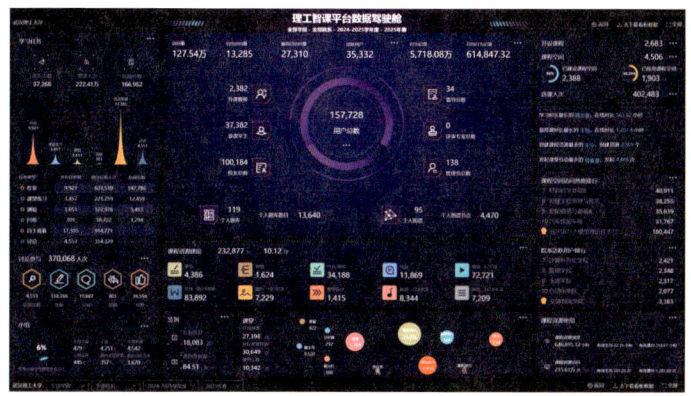
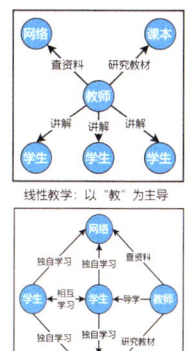

图 5-6　理工智课平台数据驾驶舱

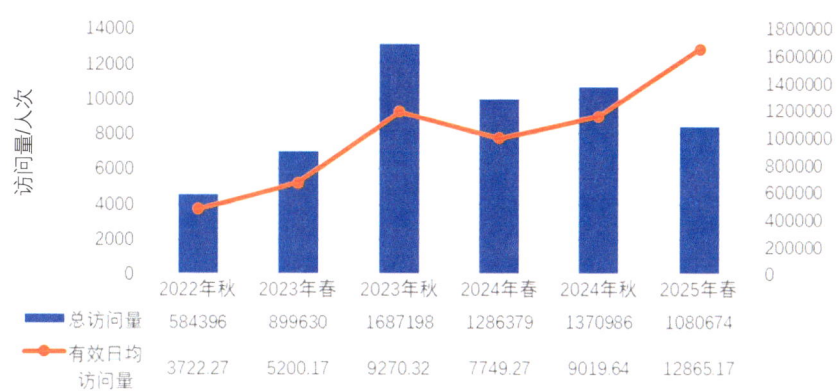

图 5-7　全校在线课程访问量

教师积极使用理工智课平台开展线上线下混合教学，实施在线授课、在线互动，发布各类学习任务，开展练习和测验等教学活动。学生在教师引导下完成课堂学习、自主学习、在线研讨等学习活动。自 2022 年秋季学期以来，学校按照国家一流课程标准，持续打造在线课程与本校课堂教学相融合的混合式一流课程，实施混合式教学课程共 14525 门次，翻转课堂共 3821 门次，认定校级理工金课 160 门，院级理工金课 140 门（图 5-8）。

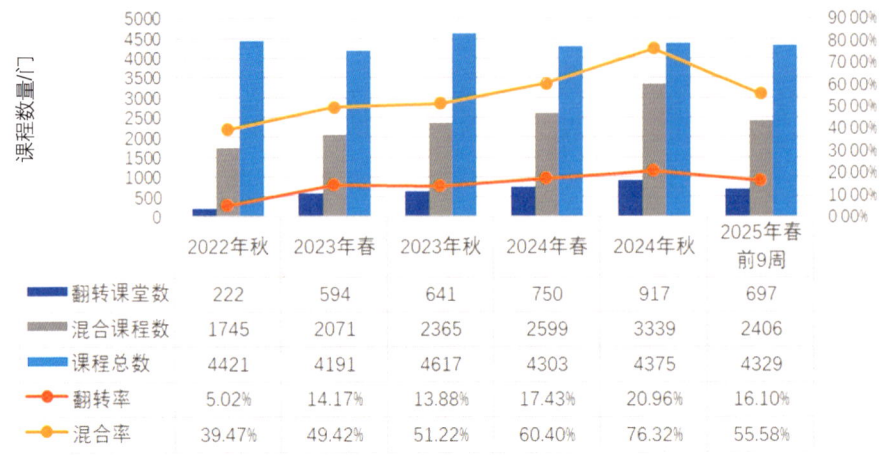

图 5-8　混合式课程与翻转课堂实施情况

二、赋能智慧教学实践

平台采用 AI 智能技术，构建支持教、学、评、管、测教学全流程的"理工智课 AI 教学智能体"。该智能体基于人工智能技术开发的数字化学习辅助工具，可以通过大数据分析、机器学习、自然语言处理（NLP）等技术，对学生的学习、能力、兴趣等数据进行分析，从而判断学生对知识点的掌握情况，为学生提供个性化的学习资源推荐与学习路径规划，并为教师生成学生的学情分析报告，帮助教师动态调整教学过程，实现智能伴学与 AI 助教等功能（图 5-9）。

智能体通过分析学生在资源上的显式学习活动数据和习题测评结果，结合不同类型的学习资源所产生的不同类型的学习活动数据，如选择题、在线讨论或开放问答题等均会产生数据，为学生提供个性化的学习资源推荐与学习路径规划，实现智能学伴功能。同时实现学生学情画像，帮助教师掌握班级学生的实时学习情况，辅助教师动态调整教学路径和节奏；协助教师完成作业自动组卷及批改，并发布课堂测验和课后作业等教学活动，实现 AI 助教功能。

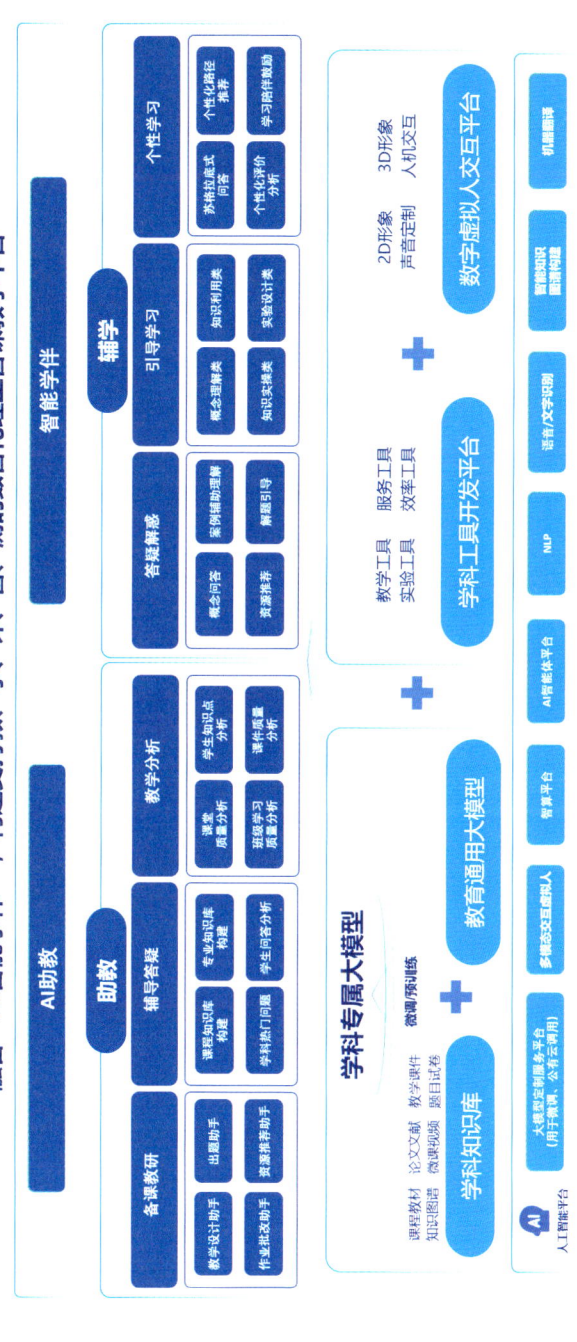

图 5-9 理工智能学伴架构图

三、数据驱动教学闭环管理

平台构建覆盖"教、学、评、管、测"全流程的动态数据库，通过知识图谱构建与学习行为分析双轮驱动教学改革。基于 TPACK 与 OBE 理念优化课程体系，整合学科知识图谱，确保教学内容的前沿性与系统性。通过机器学习算法预测学业风险，触发"红绿灯"预警机制。对于"高等数学""大学物理"等基础课程，通过章节测试数据预测挂科风险，触发分层干预，课程不及格率平均下降 5%（图 5-10）。

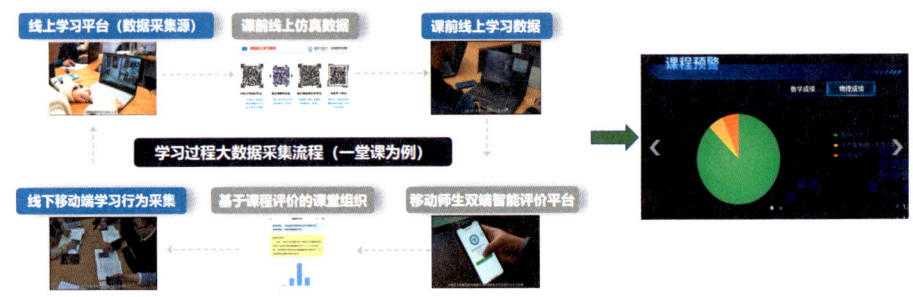

图 5-10　课堂教学智能分析评价示意

第三节　变革数智化人才培养新模式

一、创新人才培养模式

探索人才培养模式改革与创新。探索卓越行动，探索人才培养模式改革。推进"智慧"书院建设，试点厚德书院和启航书院"双院"人才培养格局，成立厚德书院、启航书院，全面推动领导力量、管理力量、思政力量和服务力量等下沉学生一线，推动学生自主学习、自我教育、自我管理、自我服务，推动"三全育人"体系落地见效；探索本硕贯通式拔尖创新人才培养模式改革，开设"微电子科学与工程"等 4 个本硕实验班、2 个基础学科拔尖人才培养基地。推进产教融合，与行业龙头企业共建微专业 24 个（表 5-1），赋能学生从毕业到就业最后"一公里"。

表 5-1 微专业情况一览表

序号	学院名称	专业名称	获批年份
1	汽车工程学院	智能车辆工程	2022
2	土建学院	智能建造	2022
3	经济学院	碳经济与碳数字化	2022
4	计算机与人工智能学院	智能系统技术	2022
5	材料科学与工程学院	光电子信息玻璃	2022
6	材料科学与工程学院	绿色储能材料与器件	2023
7	材料科学与工程学院	运载装备智能成形制造	2023
8	材料科学与工程国际化示范学院	人工智能与材料信息技术	2023
9	交通与物流工程学院	智慧交通	2023
10	机电工程学院	半导体制造工程	2023
11	资源与环境工程学院	碳循环与碳减排	2023
12	信息工程学院	集成电路设计自动化	2023
13	管理学院	数智化运营管理	2023
14	创业学院	产品创新与科技创业	2023
15	材料科学与工程学院	国防先进复合材料	2024
16	材料科学与工程学院	功能高分子材料	2024
17	交通与物流工程学院	智能运输工程	2024
18	船海与能源动力工程学院	智慧海洋技术	2024
19	机电工程学院	智能感知与控制工程	2024
20	管理学院	ESG 与可持续发展	2024
21	马克思主义学院	公共事务能力与数字素养	2024
22	外国语学院	语言智能数据科学	2024
23	法学与人文社会学院	创新与知识产权	2024
24	硅酸盐材料工程研究中心	先进胶凝材料与工程	2024

暑假期间，学校面向新生，在线开放"1+8"网络课程。同步启动的暑期卓越学堂，整合全球优质教育资源，打造集知识传授、实践锻炼、国际交流于一体的综合性学习空间，致力于培养学生的国际视野和创新能力。2024年，"暑期卓越学堂"共开设78门微课程，开展国际化素养提升活动130项、实践创新能力提升活动395项，学校聘请了121位海外知名专家，打造了高水平的国际化教学团队，这些来自不同国家和地区的专家学者，为学生带来了不同文化背景下的学术观点和研究方法，拓宽了学生的国际视野。

二、数字赋能学习场景模式

在数字化转型浪潮中，高等教育正经历从传统课堂到智慧化教学的深刻变革。学校立足建材建工、交通、汽车三大行业特色，以建设数字教学资源为核心，以场景化应用为驱动，构建了"产教融合、资源互通、全球共享"的数字化教育新生态，为新时代人才培养提供了创新范式。

1. 微专业集群（图5-11）

图5-11 学校微专业集群整体框架

学校瞄准战略性新兴产业对复合型人才的迫切需求，打破学科壁垒，构建了覆盖智能制造、大数据、新能源等领域的"微专业"矩阵。通过提炼行业核心能力模块，学校开发出"智能系统创新及应用""智能芯片""人工智能与交通大模型"等185门微专业课程，形成"模块化课程包+项目化实训"的一体化培养体系。以"先进胶凝材料与工程"微专业为例，课程整合了材料学、信息科学、工程管理的核心内容，开发先进胶凝材料与低碳数智制造、先进胶凝材料与 AI 量子化学等优质课程，联合企业提供场景案例，学生结业后凭借微专业结业证书可获得该企业优先录取资格，提升就业竞争力。

2. 校企课程共建

学校以"数智赋能，重塑育人生态"为指导思想，突出"跨学科融合+数字能力贯通"特色，学校深化学科交叉、产教融合、校际合作，推动专业结构的优化调整。通过与企业合作，开设"数字课程工坊"，将产业前沿技术转化为教学资源。构建"通识筑基、专业精进、数字赋能"三级课程体系。面向数智时代新质人才培养需求，学校构建包含人工智能通识素养课、人工智能技术平台课、人工智能与专业融合课等多层次、多类型、分层递进、通专融合的人工智能课程教学体系以及校企融合专题微课程、学科前沿讲座、产教融合研学与实训、学科竞赛培训、创新创业训练、社会实践、职业技能提升等内容的暑期卓越学堂课程模块，提升学生实践创新能力。利用在线教学平台、虚拟现实（VR）、增强现实（AR）等先进技术，开展线上线下混合式教学、翻转课堂等新型教学模式，打破传统课堂的时空限制。

3. 国家级平台课程

学校系统推进课程数字化升级，建成"材料工程基础""人·车·社会"等 34 门国家级线上一流课程和 10 门国家级线上线下混合式一流课程，"人文物理""航海学"等 92 门课程同步上线国家高等教育智慧教育平台。以"婚恋-职场-人格"课程为例，在中国大学 MOOC 上学习人数累计超过 70 万人，评分高达 4.9（满分 5.0）。课程的教学改革辐射 400 余所学校，辐射教师和教学管理人员超过 10 万人。此外，打造"理工智课"线上课程学习平台，实现线下课堂教学与线上虚拟课堂无缝融合。目前，已有 93 门课程上线国家智慧教育平台，61 门课程获批国家级一流课程，其中，34 门课程获批国家级线上一流课程，10 门课程获批国家级线上线下混合式一流课程，5 门课程获批国家级一流虚拟仿真实验课程。

在混合式课程建设方面，学校发布《武汉理工大学本科线上线下混合式课程建设与管理办法（试行）》，按照国家级一流课程标准，打造在线课程与本校课堂教学相融合的混合式一流课程。学校建设 160 门校级理工金课、140 门院级理工金课。

从微专业矩阵的精准供给，到国家级金课的普惠共享，再到校企协同的数字孪生，学校构建了多层次、立体化的数字教育生态系统。未来，学校将持续深化"人工智能+教育"创新，打造更具适应性、引领性的数字化教育范式，为高等教育高质量发展贡献"武汉理工方案"。

三、基于 XR 的数字实验新模式

1. 数字实验教学设计方案

在理工智课平台中，所有理论课程的章节内容均以思维导图形式呈现，该思维导图最多可以展开到四级子节点。这种知识图谱式设计可以帮助学生在课前预习时快速抓住每小节课程的重点内容；在课后复习时进行对照，方便学生快速进行知识重构，促进学生对课堂知识的内化和迁移。

在实验教学中引入 XR 实验室助手，构建三维仿真模型、XR 实验资源等数字实验教学资源，将复杂的器械结构展现在学习者眼前，让实验演示和讲解事半功倍；此外，XR 实验室助手自带高清摄像头，可以将教师的第一视角画面通过后台实时共享给学生，教师在进行演示时学生无须围观，若有学生没有看懂，可在后台多次回放，极大提高演示效率。

2. 理论、实验一体化教学模式

（1）课前

教师发布在线学习资源后，学生可以通过在线平台进行预习，在学生进行自主预习的过程中，平台可以对学生学习的过程性数据进行记录并对学生的学习情况进行分析，从而帮助学生快速了解自己的薄弱点。此外，教师可以创建与实验步骤相关的智能课件，在实验前推送给学生。智能课件可以记录实验操作的步骤，这些步骤会成为学生在实验过程中的考核点。

（2）课中

实验操作演示：在完成理论知识的讲解后，教师需要先进行实验操作的演示，为学生提供示范。教师佩戴 XR 眼镜后，学生可以通过登录智能实验平台以第一视角观看教师的操作，相比于传统的实验演示方式，使用 XR 眼镜实验助手可以解决围观式教学的问题，学生还可以通过回放、截图等功能反复观看教师的演示操作（图 5-12）。

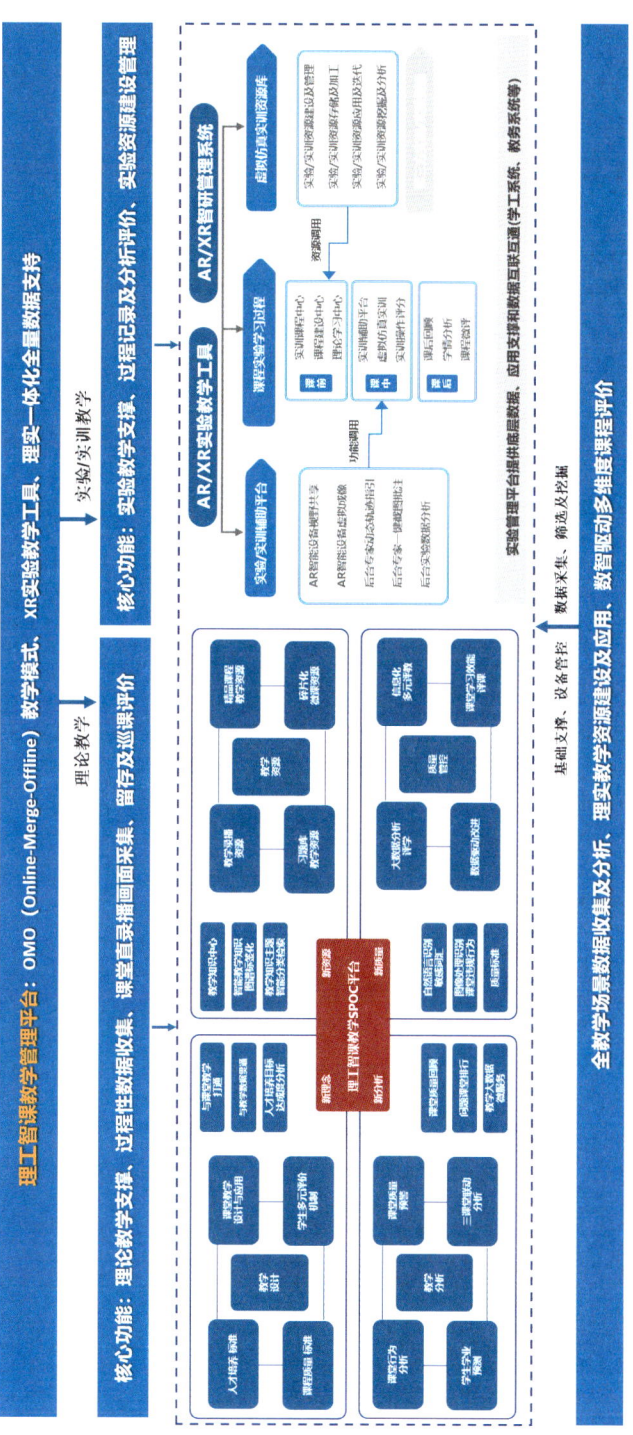

图 5-12 教学与实验全教学场景整体运行架构图

学生进行实验：在学生进行实验操作时，只需要佩戴 XR 眼镜，教师即可通过第一视角观看学生的操作，通过实验教学平台配备空间标注等工具，教师可以在 XR 眼镜呈现的画面中进行标注、批注，从而为学生提供精准指导。此外，学生还可以通过教师制作的实验步骤智能课件看到实验步骤。

（3）课后

学生通过在线学习平台完成理论知识部分的练习和测验，将在线学习平台和实验教学专用平台进行关联后，可以按照预设的权重综合学生的理论课程得分和实验操作得分，从而得出学生本次课程的总分。

第四节　构建数智化教育新体系

新阶段，学校围绕"培养什么人""教什么""怎么教""怎么评""（评价结果）怎么用"等核心问题，构建面向新质生产力的数智人才培养新体系，发布面向新质生产力的数智人才培养实施方案。根据数智时代的需要，持续加强分层递进、通专融合的人工智能课程体系建设，实现"人人都学人工智能"，发布并持续优化"材料+"大模型，推动人工智能深度赋能专业建设提档升级。

一、打造数智化教育新环境

学校加快推进教育新基建，重塑教育教学数字化环境，构建新的教育支撑体系，建设更好的数字化基础教育教学环境，解决数字化基础条件瓶颈问题。完善教室、宿舍基础网络环境和基础设备；增设智慧教室数量，提高其使用效率；对教务平台、课程平台和智慧学工平台等统一标准，汇集客观的教与学过程数据，支撑教师和学生的过程性能力评价，通过人工智能为师生精准推送学习资源，根据学生综合能力精准指导学生就业。解决数字化课程资源供给不足问题。本科生课程总数达到 3800 余门，力求学生人均课程门数追赶一流大学水平。学校通过建设智慧教室、理工智课平台和智播课堂，构建"人人皆学、时时能学、处处可学"的学习环境，同时深化产教融合、本研贯通、校际协同，充分利用国家智慧教育公共服务平台，形成高校资源、企业资源、开放资源相结合的教育资源供给体系。这不仅丰富了教育资源供给来源，提升了学生的学习体验，也有助于培养学生终身学习意识和创新精神。通过教育环境与资源的智慧融合，打造泛在学习环境，实现教育资源多元供给。

二、重构教学内容与课程体系

为构建面向新质生产力的数智人才培养体系，学校发布面向新质生产力的数智人才培养实施方案，持续加强分层递进、通专融合的人工智能课程体系建设，建设人工智能与专业融合课 296 门，人工智能技术平台课 11 门，人工智能通识素养课 84 门，实现"人人都学人工智能"。建设本研一体化平台系统，探索本硕贯通培养模式。开设"微电子科学与工程""交通设备与控制工程""机械工程""通信工程"4 个本硕贯通实验班。还开设了 16 个拔尖人才培养试点班，每年选拔约 600 人。学校大力推进学部制改革和学部优化重组，成立 7 个学部，促进学科深度交叉融合，面向全校学有余力的本科生开放。

学校实施"珠峰计划"，围绕选拔方式、培养模式、科教融汇、评价机制，强化学科交叉与数智赋能，深化本硕博贯通式拔尖创新人才培养模式改革，围绕国家重大战略、发展前沿和新兴领域，建设力学、应用化学基础学科拔尖创新人才培养基地和信息与计算科学等 16 个试点班，建设新青年全球胜任力培养与发展研修基地，通过定制化、个性化培养，提升人才培养质量。

为加快数字赋能产教融合卓越工程师培养，学校开发研究生导师画像系统，综合运用项目、科研成果、经费等数据进行院内常模和全校常模比较，全面评价导师能力与水平，动态感知学院导师队伍情况，强化导师分类管理，完善导师分类评聘。辅助学位评定委员会进行学位授予综合评价，对学院学位授予的整体水平进行把关，提高学位评定委员会审议效率和质量。转变现有以学位论文质量监控为主的质量保障模式，形成科学、精细、适时决策、综合施策的"一院一策""一点一策"机制。2024 年 9 月，学校成功获批国家卓越工程师学院。

三、创新"教"与"育"结构性调整

教育数字化是一个动态的历史进程，是信息技术与教育教学不断融合发展的过程。为进一步落实立德树人的根本任务，将高质量发展要求贯穿学校教育教学全过程和各领域，构建"德育为先、知识为基、能力为重、全面发展"的教育新体系，打造"以学生为中心，更加互联、开放、共享、个性"的教育新生态，全面评价专任教师在本科教育教学中的育人活动，优化教师育人内容体系，学校出台《武汉理工大学教师本科育人工作量实施方案（试行）》和《武汉理工大学关于加强教师本科育人工作的实施办法（试行）》，全面实施育人工作量制度，激励专任教师面向本科生开展价值引导、能力塑造、培根铸魂、启智润心等育人工作。

学校将育人工作量整合融通 Office Hours、社区育人、网络育人、指导学生就业、创新创业、志愿服务、社会实践等各类育人要素。通过实施育人工作量制度，实现教师本科育人"三个转变"——从注重教学数量向注重教学质量转变，从单一知识传授向综合能力培养转变，从传统教学模式向创新教育方法转变。引导教师将教书与育人有机融合，聚焦学生全面发展和个性化需求，构建以教师"导学、导读、导研"为基础，以正确价值引领提升学生隐性知识能力为重点的育人工作考核评价体系，全方位提升育人质效。在2024—2025 学年第一学期试行期间，全校专任教师认定本科育人工作量40414.5 个，服务学生5.9 万人次。

育人方式的创新极大提升了学生的社会竞争力。学校毕业生每年就业率超过 95%。2021 年 6 月，学校作为唯一高校代表在全国就业创业工作大会上作典型发言。2023 年 7 月，《焦点访谈》专题报道了学校的就业工作。学校的社会影响力不断提升，在 23 个省市最高录取位次取得突破。

四、重塑教师角色与发展路径

学校分类开展教师教学能力培训，精准开展教师信息素养培训，重点提升教师教育数字化能力，积极应对 ChatGPT 等生成式人工智能对教育教学带来的全新挑战。引导教师从知识传授者向导学者、教学活动组织者、课程设

计师和资源开发者等角色转变，帮助教师成长为具有深厚学术造诣、精通网络信息技术、掌握高超教学艺术的"大先生"。伴随着教师角色的转变，学校进一步推动教学方式的创新，广泛使用线上线下混合式协同教学，更加注重学科交叉和实际应用，强化数字素养和创新能力培养，既提升了师资力量，又激发了学生自主学习和创新的内生动力。

教育数字化转型深度激发出教师立德树人的内生动力。AI智能巡课助力教学督导帮扶更加精准，教师教学能力、课堂教学效果明显提升。数字化转型促进信息技术与教育教学深度融合，92门课程上线国家智慧教育平台，其中34门课程获批国家级线上一流课程、10门课程获批国家级线上线下混合式一流课程、5门课程获批国家级一流虚拟仿真实验课程。2023年，学校荣获第三届全国高校教师教学创新大赛一等奖2项、二等奖1项，一等奖数量并列全国第一；以第一完成单位获得7项国家级教学成果奖；特种功能复合材料教师团队入选第三批"全国高校黄大年式教师团队"。

五、重构教育教学质量保障体系

学校重构"数据+AI"精准评价机制，破解教育评价科学化难题。学校构建全域数据感知平台和"三级链接"驾驶舱，打造更加扁平化、精准化、协同化的大学治理新模式、建成过程和价值评价体系。实施"人技结合"教学质量评价改革。学校建立"督导评课、学生评教、同行评价"的多维度评价体系，探索实施AI智能巡课，实现对近万个课堂的智能分析，根据排名引导教师转变教学思路，提升教学质量，形成了系统采集数据、AI发现问题、督导人工干预的课堂教学质量保障机制。生成数字画像，推动发展性评价。建立覆盖学科、学院、专业、课程的全域评价数字画像，建设数字驱动的专业建设画像系统，建立专业优化调整与办学经费、招生指标、人才引进、教师分流、公房配置等资源联动机制，实现从"数量评价"向"质量评价"转变。学校聚焦专业、课程、教材、实践平台、师资队伍等本科人才培养的核心要素，构建全域数据分析体系，实现对教育教学数据实时整理和分析，为教育教学评价提供全面的评估数据，完成全国首个"全程线上不入校"本科教育教学审核评估。学校获批首个教育部哲学社会科学研究重大课题攻关项目"数智时代高等教育教学评估创新研究"。

第五节 根植数智化育人新文化

一、新理念、新行动赋能数字文化建设

学校以卓越教育观为指引,确立了"让每个学生更卓越"的质保理念(图 5-13)。以审核评估整改工作为契机,通过强化过程评价,完善机制,对人才培养过程进行全程质量跟踪与持续改进。优化各项标准,将质量文化理念融入日常,质量标准抓在经常,质量文化建在平常。加快形成以"根植内心的质量意识、无须提醒的行动自觉、事后常态的理性反思、言行举止的自我约束"为表征的追求卓越、持续改进的质量文化,引导师生的价值追求和行为导向。

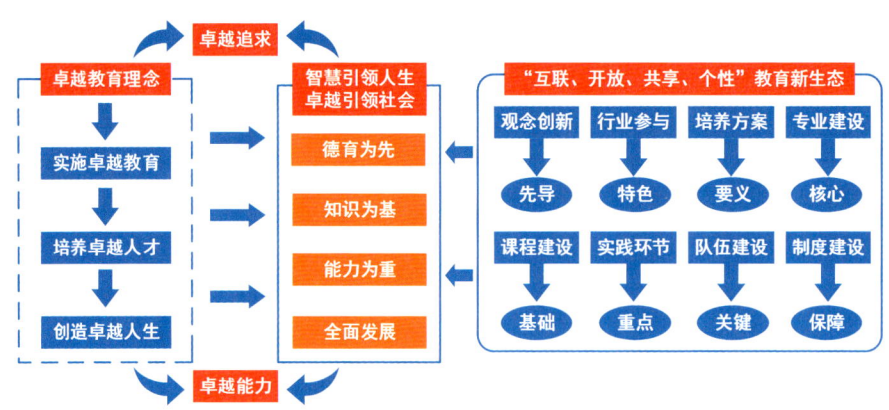

图 5-13 "让每个学生更卓越"的质保理念

二、新生迎新场景数字化重构

学校在新生迎新工作中构建了"线上+线下"深度融合的数字化场景体系。构建"七个一"迎新系统,开发迎新工作驾驶舱,利用各个时间段

学生报到、校门车流人流趋势图，对后续交通情况进行预测；车位、食堂、车站等实行红绿灯预警，通过数据感知分析，保卫、后勤等部门即可对资源配置进行优化调整，提高服务效率和效果。各个部门结合迎新工作事项和数字迎新要求，梳理迎新期间可能出现的突发情况，如校门拥堵、家长和新生在下车点聚集、车位饱和等，按照常规问题、特殊问题，制定处理预案，确保出现异常情况时，线上线下快速响应、快速处理。

三、开学典礼、毕业典礼智慧化升级

学校以开学典礼为起点，构建"数据驱动+场景沉浸"的育人新范式。在2024级新生开学典礼中，学校主要领导通过"驾驶舱"系统讲授"开学第一课"，动态展示学校学科实力、科研成就及人才培养成果。嵌入"数字画像"技术，为新生匹配个性化成长路径建议，引导学生树立"厚德博学、追求卓越"的价值观。新生在沉浸式爱校荣校教育场景中，形成独特的数字记忆。

学校通过"毕业驾驶舱"系统，展示学生在校期间"沉浸式使用图书馆17.33亿人次""参与理工智课143万人次"等行为数据，将抽象成长历程转化为可视化图谱。构建了"全生命周期"的毕业育人数字生态，形成"入学—培养—毕业—校友"的全周期数字化育人链条。学校为毕业生发放终身学习卡，向校友永远开放理工智课学习平台、未来学习中心、图书馆阅览服务、图书数字资源服务、艺术馆参观等，与校友一起共同打造永不断线、永不落幕的元宇宙大学。

四、学生社区数字化创新实践

学生社区建设以"数智化"为核心，围绕"建什么、为谁建、怎么建"三大命题，构建"形神兼备"的数智学生社区。

数智筑基，破解"社区建什么"难题。利用数字技术重构社区生态，打造"安全+服务+育人"三位一体的智慧空间。系统重构，解答"社区为谁建"的问题。构建"双循环"育人体系，对外推动教育数字化转型，将学生社区升级为第二课堂育人枢纽；对内建立"三区六片""一站式"学生社区协同机制，打造6万余学生安居乐学生态。

生态创新，探索"社区怎么建"。打造"三维育人矩阵"，在育人场景维度，首创数智学生社区嘉年华，构建"百米育人圈"，开展30余项沉浸式体验，通过国旗讲堂、经典读书会等品牌深化五育融合。在文化共创维度，孵化"在书理"空间等特色驿站，建立7类实践岗位，形成"专业实践+社区治理"自治模式。在资源支持维度，构建"阶梯式"学业帮扶体系，推出21天挑战计划等品牌项目，引入200余名导师专家驻社区，年均开展行业问答等活动百余场，营造智学乐学社区氛围。年育人力量下沉学生社区超3万小时，学生居住幸福感、服务满意度、学业获得感不断提高，真正实现学生社区建设从"物理覆盖"到"价值赋能"的质变。2025年，学校获评全国高校示范"一站式"学生社区。

五、书院制凸显学校特色育人文化

学校成立厚德书院和启航书院，聚焦高质量人才培养，以学生为中心，坚持问题导向、目标导向和育人导向。扎实推动党建和思想政治工作与教育教学协同。书院常态化开展红色小剧场、红色研学等党建与思政品牌活动，充分发挥党建引领作用，构筑学生党建前沿阵地。切实推动通识教育与专业教育协同，第一课堂、第二课堂和第三课堂协同。书院以学生需求为导向，制订全年第二课堂活动方案，坚持五育并举，促进学生全面发展。全面推动领导力量、管理力量、思政力量和服务力量等下沉学生一线。书院积极推动双院协同、多部门联动，构建"矩阵式"育人共同体，通过推进校领导、教学名师、政工干部等育人力量下沉书院，实现育人效果倍增。深入推动学生自主学习、自我教育、自我管理、自我服务体系有效构建。书院聚焦学生成长发展需要，发挥学生主体作用，通过打通学生社区育人空间、全域搭建学生服务平台、建立学生自治组织等方式，形成学生自我治理的长效机制。

六、创新开展"3S"大赛

为提高青年学生"3S"[①]能力，充分发挥青年学子在校园数字化建设中的

[①] "3S"，即学生的自主学习、自主管理和自主服务。

主人翁作用，构建学校师生共创、学生主创的校园数字化建设新格局，学校创新构建"3S"能力培养体系，举办"3S"校园 AI 应用创新作品竞赛。

大赛构建"12530"赛事体系，聚焦"数字赋能、素养提升"一个办赛宗旨，覆盖"研究生与本科生""专业与非专业"两类群体，立足"德智体美劳"五育并举，设立"AI 启智"创意赛、"AI 赋能"应用赛、"揭榜挂帅"专项赛三个主赛道，带动学生运用 AI 工具拓展思维、激发创意，助推平安校园、书香校园、园林校园、低碳校园、智慧校园建设，实现学生信息化、数字化、数智化水平以及"3S"素养提升。

大赛设立"AI 启智"创意赛、"AI 赋能"应用赛、"揭榜挂帅"专项赛三个参赛组别，全面覆盖创意构思、应用开发及需求响应，为学生提供多样化参赛路径。学生团队可结合自身所学和专业基础，根据参赛作品所处开发阶段和应用情况，自行选择参赛方式。

学校积极开展赛事宣传推广动员，多渠道、全方位推广"3S"大赛。通过线上线下融合的宣传矩阵，利用校园网、微信公众号等平台发布赛事信息与成果展示，扩大赛事影响力。每年举办 100 余场次"双青论坛""博学科普讲堂""优秀学子报告会"等系列科普教育活动，定期举办创新成果分享会和经验交流活动，组织动员教师、优秀学长分享参赛经验与收获，激发学生参与热情。

学校划拨自主创新研究基金，充分支持师生开展"3S"校园项目创新培育工作；建立健全教师指导"3S"作品的激励机制，根据教师指导学生过程中的时间、精力投入情况认定育人工作量，充分调动教师积极性，为学生创新创业提供高质量指导。对于历届"3S"大赛中涌现的优秀作品，学校实施滚动支持策略，积极推荐优质作品参加学校科技成果投融资峰会等展示对接活动，以及"挑战杯"全国大学生课外学术科技作品竞赛、"人工智能+"专项赛等高水平创新比赛，借助更广阔的平台展示项目潜力，确保"3S"大赛的影响力和成效不断延续和拓展。

"3S"大赛自创办以来已举办至第三届，共收到学生作品 700 余件，参赛学生超 11000 人次。其中，校园地图、代码纠错等项目所产出的校园成熟应用的使用量累计突破百万级。

第六节　释放教育教学数字化新效能

学校主动适应新质生产力对创新人才的培养要求，积极从基础软件环境、资源建设、教学过程、管理服务等多方面多维度进行了深入的教育数字化融合探索，大力实施"5·30"行动计划，数字赋能教育教学创新与卓越人才培养，取得系列预期成果。

一、构建时时处处可学的新型生态

学校打造资源与数据双驱动的理工智课平台，已建设丰富的课程资源，学生在线学习时长超过418万小时。依托国家智慧教育平台上线课程93门，校际选课的学生人数已超过4000人。本研一体化系统上线运行，在11个试点学院打通研究生课程1000多门，面向学有余力的本科生开放。搭建了"人人皆学、处处能学、时时可学"的数字化环境。

二、数字技术赋能全学段全过程评价

基于大数据，借助师生数字画像和可视化技术，逐步实现从学生学习结果性评价、单一指标评价为主转变为覆盖作业、课堂练习、测验、自主学习、讨论等任务的学习过程性评价，涵盖认知、合作、创新、职业等指标的综合性评价以及德智体美劳全面评价。形成系统采集数据、AI发现问题、督导人工干预的课堂质量保障机制。

三、学生的社会竞争力和创新创业能力显著提升

学校2022年位列《全国普通高校大学生竞赛榜单（本科）》全国第一名，创新创业教育连续两度荣获国家级教学成果奖；2023年7月，《焦点访谈》以《精准有温度　护航就业路》为题报道了学校就业工作，用人单位对学校毕业生的整体满意度评价颇高。

四、数字赋能标志性成果高密度"慧"聚理工

2024年，凭借数智化加持，学校成为全国首家"全程线上不入校"审核评估试点高校。随后，"材料+"大模型赋能拔尖创新人才培养的应用实践入选教育部"人工智能+高等教育"第二批应用场景典型案例；"车路云一体化"未来学习中心项目，以及"基于数字化实验室建设及AI大数据的实验教学模式创新与评价体系研究"项目均获教育部立项建设。

学校教育教学数字化转型效能持续释放，促进教育教学交互从传统的师生二元互动模式向师-生-AI多元交互的模式转变，从以教师为中心的教学模式向以学生为中心的学习模式转变，从标准化教育向个性化学习模式转变。这些教育教学过程中小切口的转变，引发了培养模式的大变革，有力地推进了学校教育教学管理的精准化、决策的科学化和服务的人本化，保障了人才自主培养质量的持续提升。

第六章　数字赋能科学研究创新

近年来，国家政策调整和产业变革给科研工作带来了前所未有的机遇和挑战。学校加强科研数据治理，推进信息平台建设，并利用大数据与人工智能技术建设 AI 科研助手，助力科研工作转型升级、提质增效。

第一节　数字赋能传统科研转型升级

在数字经济蓬勃发展的背景下，高校作为科技创新的前沿阵地，正积极探索数字技术与传统科研的深度融合。数字赋能不仅改变了科研的手段和方法，更对科研理念、组织模式产生了深远影响。为此，学校通过加强科研数据治理和推进信息平台建设实现传统科研的转型升级。

一、围绕"存量"和"增量"，推动传统科研变革

数字化正深刻改变科学研究范式，不断拓展人类认知边界，并持续提升科研创新的效率。学校深度依托行业优势，聚焦产业数字化和数字产业化发展，重点围绕"存量"的优化和"增量"的拓展实现变革和突破。

1. 在结构上化存量

在存量方面，学校重点优化结构，立足材料等传统优势学科，面向国家战略需求，依托复合材料新技术全国重点实验室、硅酸盐科学与先进建材全国重点实验室、水路交通控制全国重点实验室等全国重点实验室，聚焦电子信息材料、新能源材料等领域转型升级，并将研发的新型材料与信息产业融合，通过"材料+信息"转型策略推动产业数字化。与此同时，学校还聚焦智能交通、网联汽车等领域寻求技术突破，并围绕数字人文、数字伦理开展研究探索，不但为传统优势学科注入发展动能，而且全面推动

产业数字化进程。

2. 在方法上求增量

学校重点在方法创新上求突破，通过组建信息学部和微电子学院、设立微专业等，利用信息技术推动科研范式的变革，逐步推动自然科学研究、社会科学研究迈入第四范式。例如，传统的实验过程高度依赖人类的经验和直觉，导致储能材料的研发周期缓慢且成本较高。为了克服这些局限性，研究人员正试图利用机器学习来辅助实验制备和表征，大幅提高试验效能。

3. 助力产业数字化

学校紧密结合自身学科优势和国家及湖北省产业发展形势，聚焦智能汽车、智能制造、智能交通等领域，依托卓越工程师学院重点建设"人工智能与元宇宙科创中心"，推动汽车、交通等产业转型升级。以"材料+信息"领域为例，有科研团队已经破解了精密陶瓷部件制备技术的国际难题，那么面向未来，就要考虑将这些技术向芯片、半导体等领域进行跨领域转化，助力国家解决"卡脖子"难题。同时，这些技术还可以在应对未来算力发展带来的能源环境挑战方面发挥重要作用。除了将新材料、新技术用于信息领域（也就是"材料+信息"模式），也可以将信息技术反过来应用于材料领域。比如，利用数字骨料新技术实现混凝土全生命周期管理。应用案例有混凝土管桩的智慧管理与溯源等。

学校的光纤传感技术为国家重大工程和装备安全提供关键技术支撑，在鄂州花湖机场实现了机场跑道智能化应用的重大突破。在交通领域，学校研发的面向船舶远程驾控的"航行脑系统"，实现了减员、降耗、保安全。在汽车领域，学校的高可靠学习型智能网联汽车，填补了国内相关领域空白。学校支持企业建设"无人工厂"，联合研发地下矿道无人驾驶矿车，这些都是学校在数字科技方面做出的有力探索。

二、推进科研系统建设，完善数字治理体系

1. 健全科研管理制度

为贯彻党和国家政策精神，健全科研管理与评价制度体系，学校开展了科研评价改革研讨，出台了《全面深化科研评价体制机制改革方案》《武汉

理工大学科研工作量核算办法》，修订了《武汉理工大学科研质量奖励办法》《武汉理工大学科学技术奖评审办法》《武汉理工大学纵向项目经费管理办法》等。

2. 优化科研业务流程

为提升科研服务效能，面向科研人员、教学科研单位和科研管理人员，学校梳理和优化了各项业务流程，重点谋划重大科研平台建设、重点项目布局及标志性成果培育机制，更好地对接了国家战略与社会发展需要。

3. 大力推进科研管理与服务信息平台开发

学校统一规划设计，利用先进的管理理念和信息技术手段，建设一体化的基于大数据技术与协同创新理念的科研管理与服务信息平台（图6-1）。

科研项目管理子系统为各节点审核人员提供移动端审核功能，提升了办事效率。自主创新基金管理子系统为自主创新基金项目与经费管理提供全方位、精细化的服务，有力推动师生自主科研的顺利开展。科研平台管理子系统，实现了基地过程管理红绿灯预警，科研项目、科研成果等数据的自动抓取以及考核结果的自动生成。学术论文管理子系统从服务学校科研工作出发，开发了学术论文管理子系统，为科研人员的科研成果以及科研工作量核算提供了坚实的数据基础。科技奖励管理子系统自主研发了科技奖励管理子系统，实现了从计划制订、奖励申报、奖励入库到绩效评估的全生命周期闭环管理。科研成果管理子系统实现了著作、标准、研究报告等科研成果的申报、审核和统计，提升了科研成果管理水平。科研工作量核算子系统实现了科研单位类别设置、科研人员类别设置、科研工作核算公式配置、科研工作量自动核算和汇总，提升了科研工作量核算的效率和准确性。科研目标考核子系统：学校委托第三方机构开发目标考核与竞争性绩效核算子系统，建立了科研数据转换和同步机制，完成了科研目标考核和竞争性绩效核算任务，保证了学校科研目标考核政策的落地落实。校科技奖网络管理子系统实现了校科技奖全流程网络化、精细化管理。科技领导驾驶舱实现了科研经费、授权专利、重大项目、重大奖励等重要业务的实时监控与预警。

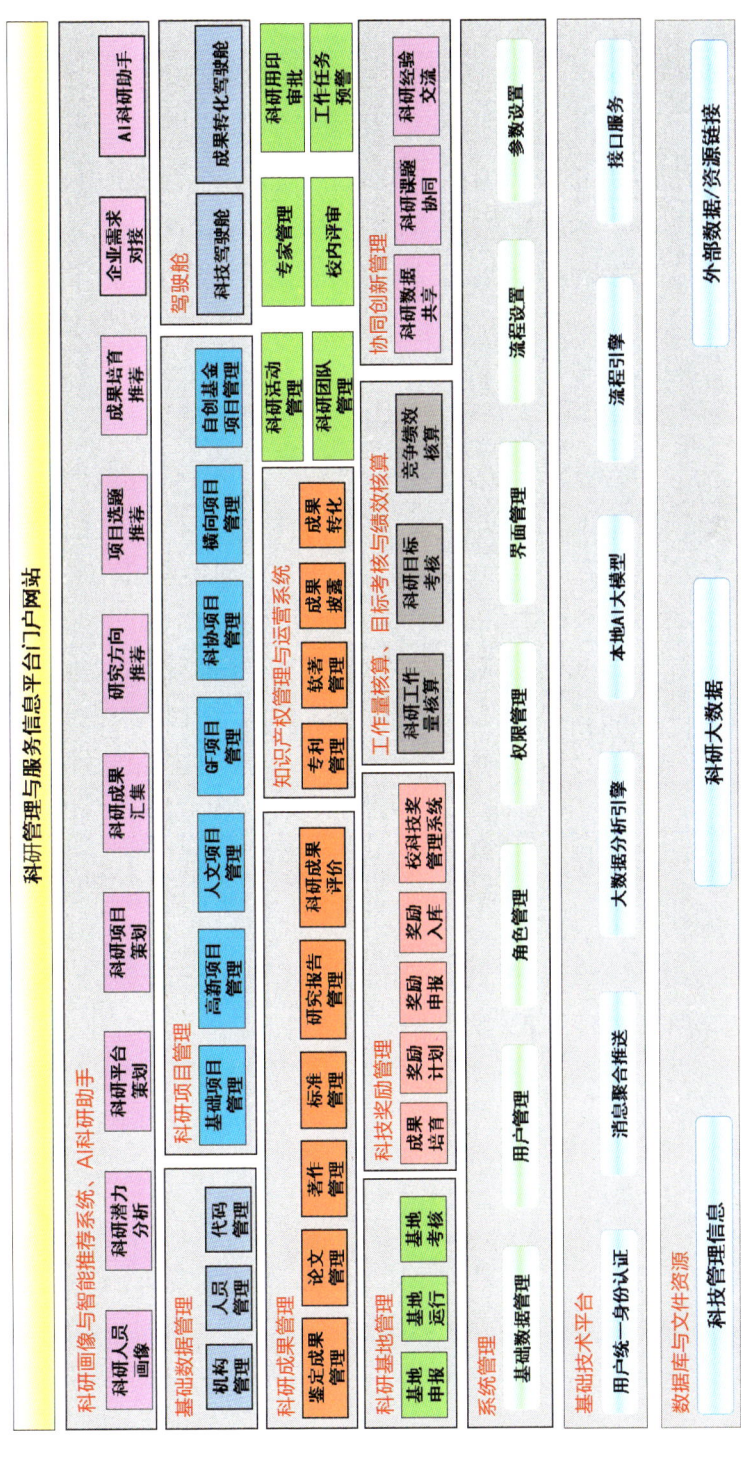

图 6-1 科研管理与服务系统架构

第二节　大数据画像助力有组织科研

习近平总书记指出:"我们要瞄准世界科技前沿,集中优势资源突破大数据核心技术,加快构建自主可控的大数据产业链、价值链和生态系统。"大数据画像帮助科研管理者从"经验决策"转向"数据决策",从而更高效地服务国家战略需求和科技创新突破。为此,学校利用大数据画像助力有组织科研。

一、科研画像支撑辅助科学决策

学校在科研大数据深度挖掘与分析的基础上,通过科研评价建模、合作网络分析、知识图映射推进科研画像的研究与应用,基于 BI 技术平台开发了科研画像子系统,为促进大成果发现、大项目策划实施、大转化落地和大团队孵化等提供精准画像,为科研绩效评估、科研潜力挖掘和科研管理辅助决策提供支撑。科研画像包括科研人员、科研单位、科研团队、合作区域和合作企业画像,同时也包括项目成果画像,如纵向项目画像和知识产权画像等。

1. 科研人员/团队画像

科研人员/团队画像支持"一站式"查看个人/团队科研产出数据,并基于科研产出建立多维科研能力评分模型、合作网络、个性标签等建立全息画像,全面精准评估科研人员/团队的研究方向、学术水平、影响力及跨领域合作潜力。科研人员/团队画像为项目评审、专家推荐、人才选拔、奖项申报、交叉团队组建提供客观数据支撑,提升管理效能。

2. 合作区域、合作企业画像

通过合作区域画像能够"一站式"查看指定全国百强县等重点合作区域信息,如 GDP、重点产业与企业信息、校企合作信息。通过企业画像能够"一站式"查看指定企业信息,如企业多维信息、主要合作学院及人员信息等。针对校内合作企业建立客户价值评分模型,对企业进行客户价值评估和分类维护,其中,企业分为重要价值、重要发展、重要保持、重要挽留等类型。通过区域产业布局、企业科技需求与校内科研人员、科研方向及资源配置适配分析与调整,推动科研项目孵化和科研成果产业化。

3. 项目与成果画像

项目与成果画像对校内知识产权、各类项目进行多维度（国民经济行业分类、战略性新兴产业分类、数字经济核心产业、"双十"产业、绿色低碳技术等）评估，能够对校内科研项目和成果进行分析、建模，厘清项目成果的社会适配性。多维度刻画科研项目和科研成果，提升管理效能。

二、"材料+"大模型反哺教育教学

为顺应人工智能时代发展，学校融合高校材料学科优势和人工智能龙头企业的资源优势，深化产学研合作，开发出一套材料学科领域的专用大模型——"材料+"大模型（建设思路如图6-2所示），全面支撑材料学科教学、科研、管理和国际合作工作。

作为全国最早开展学科大模型建设的高校之一，2024年学校与第三方公司签署了全面战略合作协议并启动实施了"人工智能+教育"行动，初步建立了"材料+"大模型1.0版本。"材料+"大模型1.0版本入选了教育部"人工智能+高等教育"第二批应用场景典型案例，开启了人工智能助学、助教、助管、助研的初步探索。

通过对材料科学与工程学院10个自然班的大二学生的跟踪调查，"材料+"大模型为学生提供的学科知识库、课程资源库和大模型自动生成课堂摘要等应用，助力学生更好地开展个性化学习、信息检索和资源推荐。多数学生表示学业成绩得以提升、学习策略得以改善。通过深度参与智能体开发应用，学生实现了从"课本"到"实践"的跨越，提高了解决实际问题的能力。课程教学目标和专业毕业要求的达成情况均为良好，实现了知识、能力、素质培养的目标。

"材料+"大模型是高等教育领域教育专属大模型的创新实践。它基于全国产化算力和国产化基座大模型，对材料学科领域数据进行训练和推理，从而获得对于训练数据的理解与掌握，并将获得的知识整合、迁移到具体场景中，为师生构建体系化的大模型赋能教学的全场景应用生态。

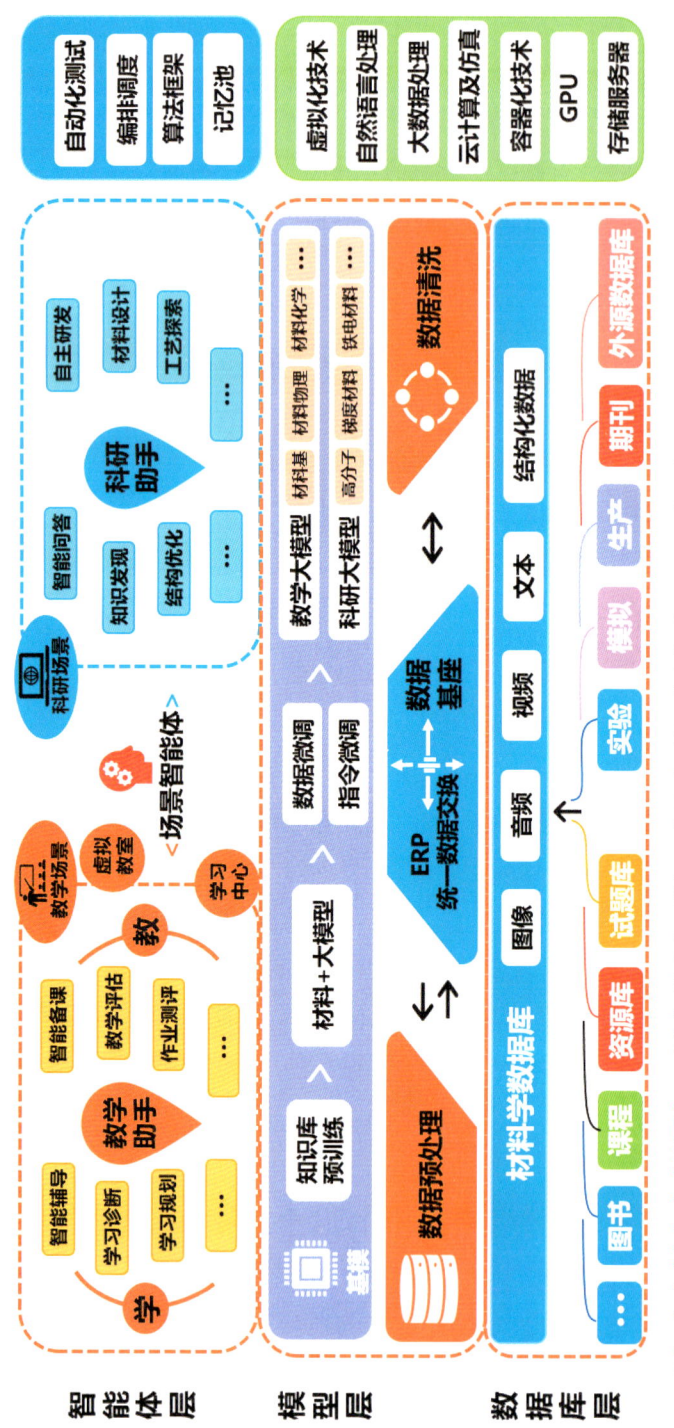

图6-2 "材料+"大模型的构建思路

三、学科画像实现学科闭环管理

学校打造学校学科治理的核心"数据池",通过对接校内中台数据及第三方数据,构建覆盖44个学科、7个学部、41个创新团队的监测体系,采集指标800余项、数据500余万条,对数据进行综合治理。

学校设计了学科监测及评价模型。依据教育部"双一流"监测指标体系、教育部第五轮学科评估指标体系,选取第三方平台典型性、可量化、可获取数据的指标构成监测指标体系,设计了学科水平评估关键指标监测模型、"双一流"建设关键指标监测模型、对标高校发展趋势监测模型、"双一流"项目绩效及学科方向贡献度评价模型。

学校开发了学科治理的典型应用场景。以学校学科建设信息化平台为数据底座,建立了"五定"学科驾驶舱,即以"建设基础"定事,以"建设内涵"定向,以"建设载体"定法,以"建设对象"定人,以"建设效果"定效。目前,学校正在探索建立AI学科"画像"助手,通过智能问答、智能问数、智能生成报告三大功能,实现由"看数"向"问数"转变。

通过数据驱动,保障发展路径科学性、强化数据感知过程性、突出对标对表精准性、增强上下联动协同性,深化"目标任务设定、资源精准配置、质量绩效评估、奖励激励反馈"一体化闭环学科管理机制,不断提升数字赋能学科建设精准决策与治理能力,推动学科建设工作提质增效。

四、理工知链打通成果转化智慧大脑

"理工知链-面向科创成果转化的智慧大脑"是学校在构建校政企金四链融合生态进程中,以数字经济思维搭建技术与市场的桥梁的创新实践。开发的匹配算法应用于多个成果转化项目,有效提升技术供需对接效率,为高校科研成果从实验室走向市场提供了坚实的经济支撑,让每一项创新成果都能找到生长的经济土壤。

"理工知链"基于300万条规模以上企业数据、20万项高价值专利、3万条区域产业动态数据及30万项高校科研成果,深度训练"理工知链"大模型。该项目打造了一个成果转化智能推荐平台,创新研发了大模型智能体和智能推荐引擎两项技术,为实现高校、政府和企业的三端协同,促进创新链、产业链、资金链和人才链的四链融合与价值共创提供了有效支撑平台。该成果为破解高校科技成果转化"最初一公里"难题提供了经济管理学科的创新方案。

"理工知链"推动科技资源、产业资源、金融资本高效对接,推动更多技术推广应用、更多科技成果从样品变成产品从而形成产业,探索从实验室成果到市场化产品的转化路径,助力更多技术推广应用,形成现实生产力,服务国家创新体系整体效能的系统提升。

第三节 AI科研助手助力科研效率提升

学校综合运用人工智能、大模型和智能推荐等技术,积极推进智能推荐研究,基于DeepSeek等平台技术接口开发了AI科研助手,具备基于科研大数据的智能分析、智能决策与智能推送能力,为学校精准对接国家和社会需求,进行大平台、大项目、大成果策划以及科技发展战略决策提供支撑,为科研人员提供研究方向推荐、项目(论文)选题推荐、合作意向推荐、任务提醒等个性化、精准化服务,从而促进科研效率提升。图6-3为智能推荐子系统架构示意图。

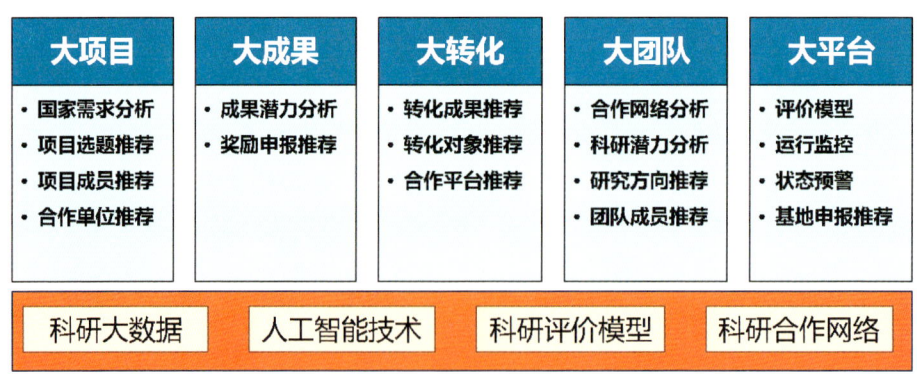

图6-3 智能推荐子系统架构

有组织科研管理推荐主要面向校、院两级科研管理人员,包括自然科学基金、社会科学基金的拟申报人员智能筛选、申报材料质量诊断、领域资深专家智能推荐；根据项目指南、关键词或技术描述推荐高新项目申报或科研攻关专家人选；针对各类科技奖项分别构建多维成果评价模型，提供选拔性推荐服务；等等。

一、实现自科、社科基金申报有效管理

学校通过建立基金申报漏斗分析模型，将基金申报阶段划分为四个阶段，以进行有效的过程管理。

在准备阶段，通过摸家底制定年度申报目标和达成目标；在动员阶段，识别应报人员，开展动员活动和申报经验交流，配合多种管理措施和激励手段，促进申报工作开展、筛查应报未报人数，提升申报率；在申报阶段，定位实报人员，通过形式审查、校内外专家咨询与辅导，提升申报书质量；在立项阶段，对申报成功的进行经验分析和总结，对连续申报未获批的进行原因分析并安排专家辅导。通过阶段分析、智能推荐和定向措施等系列工作，促进了申报率的提高。

同时，通过建立语义相似度模型、相关成果评分和人员评分模型，支持通过关键词描述、技术词描述或项目指南，推荐各类国家科技项目、重大重点基金等项目的推荐申报人员，为申报人员的选拔和申报团队组建提供决策工具与依据。此外，该模型还能为大项目策划实施和大团队组建等提供精准推荐服务，提升大项目成功率。

二、为人才项目与科技奖项申报提供多维指标

人才项目申报推荐包括研发优青杰青人选推荐、往年申报及立项整体分析、连续申报未立项分析与辅导等功能。科技奖项申报推荐，对于省部奖、地市奖、校奖，采取鼓励申报做大基数的方式，对于国家奖采取推荐与多维度遴选方式进行。系统根据科技进步奖、技术发明奖、自然科学奖、科技任务奖申报遴选条件，设计了相应的多维度评价指标，通过奖项初筛和进一步多维分析比较遴选完成国家科技奖项申报推荐。通过系统有效提升科技奖项申报推荐的客观性，实现有竞争力的成果、人物的优先推荐。2024年获国家级奖项5项，其中学校作为第一完成单位实现年度国家科技奖三大奖的"大满贯"。

三、为科研对接和成果转化提供个性化服务

科研对接推荐包括对接企业推荐和成果转化推荐。对接企业推荐能够根据科研人员方向、兴趣推荐相应合作企业。成果转化推荐对校内专利成果进行深度挖掘分析，推荐潜在成果转化目标合作企业，促进了企业合作项目孵化，成果转化落地。学校科研成果转化连续多年位居中部高校前列。

同时，个性化科研服务结合科研人员个性化偏好实现项目申报推荐、研究热点推荐、论文期刊推荐、科研合作者推荐、企业合作推荐、成果转化推荐等功能，为科研人员日常科研工作提供高效科研服务，为项目申报提供及时提醒服务。

第七章　数字赋能现代大学治理

数字化技术通过参与高校治理，重构传统治理范式，为高校治理能力现代化提供全新动能。学校通过构建事业空间、人员空间、物理空间和网络空间的四维协同体系重塑治理生态，同时依托"三级链接"数据驾驶舱、红绿灯预警系统进行动态响应监控。以"AI 校长助理"为核心的智能体矩阵以及数智化大保障综合管理体系，赋能学校现代化治理，推动高校治理水平现代化。

第一节　一体连接现代大学治理的"四大空间"

学校立足"集成驱动、协同赋能"建设理念，通过系统重构治理链条，突破传统职能条块分割治理壁垒，创新打造四大空间的智能驾驶舱协同矩阵。依托红绿灯预警模型与智能体技术，建立"感知监测—分析预警—协同调度—考核评价"闭环系统，实现"一舱统管四域、一键闭环全链"的治理新生态，推动治理模式从"职能分治"向"四域共治"转型，最终形成覆盖事业空间、人员空间、物理空间和网络空间的四维协同体系。

一、四维空间治理体系的构建逻辑

通过整合物联网感知设备、AI 算法平台及跨部门业务系统，IOC（智能运行中心）形成"监测—分析—调度—反馈"闭环管理机制。该体系以"两横四纵"组织架构为支撑：四大空间运行室分别负责事业空间、人员空间、物理空间和网络空间感知监测、分析预警和协同调度，横向打通业务壁垒；综合室与服务支撑运行室负责统筹协调和服务师生，提供运行支撑保障，实现从分散治理向协同治理转型。

二、数据驱动的空间治理实践

1. 事业空间战略导航

事业空间依托数据驾驶舱、红绿灯模型等对学校事业发展的核心指标及目标进行实时监测与分析，动态评估学校战略目标的实施进度。通过对各项关键任务进行监控，及时发现学校发展瓶颈，并对比分析其他高校发展水平，认清优势与差距，为学校战略调整提供支撑。

2. 人员空间精准赋能

人员空间依托学生画像、教师画像等功能，全面感知学生、教师和管理人员的在校动态。通过实时分析数据，输出精准干预方案与发展路径建议，实现人才培养、岗位设置等的精准化、科学化转型。

3. 物理空间智能调控

物理空间利用物联网与大数据技术对校园内各类物理空间进行全面监测，实时掌握教室、实验室、图书馆、运动场等空间的使用情况、资源消耗情况及安全隐患；实时监测水电资源，分析能效数据，优化资源配置与调度。同时，负责 IOC 硬件设备的配置、安装、调试及维护工作，实现 IOC 设备生态互联。

4. 网络空间全域感知

网络空间通过智能化技术实时监测和分析校园网络环境状态，为学校提供精准分析与决策支持。网络空间还负责 IOC 系统、应用软件和智能体规划、建设、应用测试、日常运行和维护管理工作，实现 IOC 智能化水平的跃迁。

三、治理效能的范式突破

1. 创新跨域联动机制

四大空间的协同治理重构了大学治理的价值链。在传统条块分割的行政架构下，教务管理、后勤服务、信息化建设等部门往往陷入"铁路警察各管一段"的困境，容易引发政策协同失焦与资源配置失衡。IOC 通过构建跨空间的数据融合机制，深度解析多维度信息的关联网络，精准定位复合型问题的根本症结。这种基于数据穿透力的整体性治理，不仅实现了治理范式的根本性转变——从滞后性的"被动响应"升级为前瞻性的"主动预见",更通过跨域数据关联建模精准识别潜在风险,为现代大学治理注入预见性智慧。

2. 构建数据驱动决策机制

现代大学治理决策的科学性根基在于数据要素的全方位渗透与有机融合。在四大空间协同治理框架下,战略目标被解构为可量化追踪的监测指标体系,师生发展轨迹通过多维标签系统转化为动态知识图谱,物联网感知网络构建起资源使用效率的实时坐标,网络空间的交互数据则形成治理效能的动态镜像。四类数据在智能中枢的交汇碰撞驱动治理决策从"经验推测"向"数据驱动"转型,为学校发展提供精准路径。

3. 重塑生态共生的文化机制

协同治理机制的深化应用催化大学组织文化的基因式变革。基于组织学习理论,四大空间的治理实践构建起持续进化的双环学习机制。例如,物理空间的能效优化需求触发后勤部门的技术升级与流程再造,倒逼其突破"被动维护"的职能定位,转向"空间效能规划师"的新角色。四大空间的互动形成"治理需求—能力进化—价值创造"的正向循环,促进组织从机械执行向主动构建治理生态转型。

第二节 立体打造支撑现代大学治理的"三级数舱"

学校牢牢抓住"数据"这一关键要素,创新打造校长—处长—院长"三级链接"数据驾驶舱(以下简称"三级数舱")立体化协同共享平台,构建"大数据+大模型"融入"大平台"协同赋能矩阵,推动驾驶舱由"可视看数"向"AI问数"迭代升级,数据分析效率提升60%以上,以先导性探索实践创新推动大学治理体系和治理能力现代化。

一、创新实施过程管理"红绿灯"计划

数据可视化成为学校治理的重要工具。然而,仅让数据以直观的形式呈现是远远不够的,关键是要有内涵,也就是要让数据"说话"。为了达到这一目的,学校需要配置大量的模型算法,对数据进行实时分析和预警。基于这

样的理念，学校在数据可视化的基础上，创新实施了"红绿灯"计划。以"红、黄、绿"三色构建"红绿灯"预警模型，将全域感知指标完成进度和"红绿灯"预警模型接入督办系统。依托AI校长助理，对被预警指标自动下达智能督办提醒，推动问题及时发现、快速响应、有效处理，形成大学治理的闭环管理模式。"红绿灯"计划数据分析预警模型见图7-1。

》人事"四定"红绿灯模型《

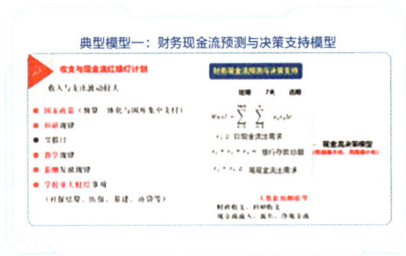

》数据供给红绿灯模型《

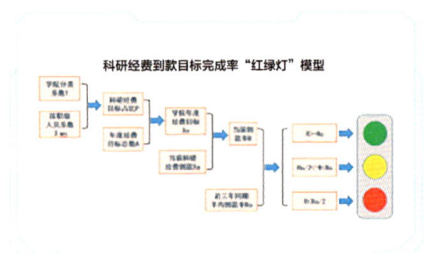

》财务红绿灯模型《

》科研红绿灯模型《

》大保障红绿灯模型《   》公房使用红绿灯模型《

图7-1 "红绿灯"计划数据分析预警模型

二、数智赋能协同治理模式革新

学校"三级数舱"构建起"一屏掌控全局、一键智达任务、执行一贯到底、监督一览无余"的远程实时调度体系，以扁平化管理模式推动年度重点工作提质增效。

2025年3月，IOC进行格局重构，以"感知监测、数据分析、价值挖掘、协同调度"为主要职责，构建覆盖事业空间、人员空间、物理空间和网络空间的四维协同治理体系。在此过程中，学校将"三级数舱"与"数字大脑"IOC深度融合，形成以IOC为核心枢纽，信息化办、党政办、网络信息中心共同驱动的教育数字化发展新格局。通过打造教育数字化运行新机制，学校治理能力与治理体系现代化水平全面提升，为高质量发展注入强劲动能。

三、"三级数舱"驱动数字化转型

全校上下紧密围绕感知、分析、干预"三大要素"，聚焦"四力"，着力打造多功能、综合型数舱，全力推动一舱多用、多舱互动，将小能转化为大能。

一是打造操作型数舱，提升数据感知力。感知的前提是触及，学校在数舱建设过程中牢牢抓住数据中台"牛鼻子"，统筹抓好数据的点、线、面层级：点上抓动态采集，让数据源头更全面；线上抓流程贯通，让跨系统链路更顺畅；面上抓跨域协同，让数据网络全域覆盖。这些强化了数舱间的互操作性，真正实现了"驾一舱、揽全局、知全数"。

二是打造研究型数舱，提升决策分析力。"数据要灵活、数舱要灵动"，为强化数据驱动，充分发挥数舱辅助决策作用，目前学校的重要决策性会议已经实现"系统汇报、数据说话"，各个部门通过数据驾驶舱围绕"是什么、如何变、怎么走"让数据说话，基于数据和证据进行精准把脉、系统分析和科学决策。

三是打造预警型数舱，提升精准干预力。"数据驱动正导向，竭力规避逆问题",学校在数字化转型进程中致力于构建有温度的治理体系,在立体化数舱之上配套搭建"AI 校长助理",全面启动实施"红绿灯"计划,利用人工智能及时提醒任务推进落实进程和既定目标达成与偏离情况,基于"人工智能+大数据"的精细化管理,让轨迹更加清晰,让过程更加透明,让预警更加精准,让治理更加高效。

第三节　创新打造现代大学治理智能体矩阵

学校全面推进"人工智能+"行动,纵深推动"AI 化"进程,聚焦"四化",打造 AI 校长助理 2.0 数智治理应用场景,持续推动 AI 智能体赋能全域提质增效。

一、现代大学数智治理路径探索

1. 数据筑基:打造现代大学治理智能中枢

学校紧紧抓住"数据"关键要素,构建"1234"数据治理体系,搭建高速网络数据中台,无缝对接 30 多个部门的 100 多个业务系统,快速汇集校内"教、学、研、管、评、服"六大业务领域共 34 亿余条数据,构筑起开放、灵活、智能的数据中枢,成为现代大学数智治理的"智慧大脑"。然而,数据体量大、分布系统多、分散程度高、治理难度大等一系列问题为进行数据治理和 AI 应用带来了困难与挑战。如何应用海量数据进行标准治理和价值挖掘,从而为学校科学决策提供精准、及时的辅助支撑,并逐步探索出一条 AI 赋能现代数智治理路径,已成为学校纵深推进教育数字化发展亟须解决的关键问题。

2. 数智赋能:全国首个"AI 校长助理"探索实践

学校聚焦人工智能赋能大学治理变革,于 2023 年 3 月率先打造并上线了全国首个"AI 校长助理"(即 1.0 版本),创新建立"周计划、月督办、年考评"的全周期闭环管理工作机制。依托 AI 校长助理 1.0,校长实时掌握和精准感知学校各关键领域发展指数并进行远程调度,对各单位每周工作推进落实情况进行过程管理、精准督办和干预提醒，着力提升科学决策与精准治理能力，以高效能治理推动学校高质量发展。"AI 校长助理"还被写入《世界高等教育数字化发展报告（2023）》，报告指出"AI 校长助理利用人工智能提醒任务落实进程和目标达成与偏离情况，使治理轨迹更清晰、过程更透明、评价更灵活"。

3. 生态重构：AI 智能体矩阵引领治理新范式

2025 年，伴随着"数字化"向"AI 化"纵深推进，学校提出重点推进数智驱动治理模式改革，构建"AI+数据"治理新生态，着力推动"数字化"向"AI 化"纵深发展，加强智能体开发应用，创新打造十大 AI 助手，推动构建多维度协同的 AI 智能体应用矩阵，通过数智驱动重构现代大学治理生态。2025 年 2 月，学校实现 DeepSeek 大模型和 AI 赋能应用开发平台本地化部署，并全面启动 AI 校长助理 2.0 场景迭代升级工作，基于 DeepSeek 等大模型自主研发现代大学数智治理专属智能体，4 月全新发布 AI 校长助理 2.0、AI 人事助手、AI 宣传助手，被光明日报、中国教育报、湖北日报等媒体宣传报道，学校成为教育领域 AI 应用的标杆示范。

二、AI 校长助理 2.0 赋能现代大学治理

学校坚持应用导向、治理为基，推动"集成化、智能化、国际化"，将 AI 校长助理 2.0 作为现代大学数智治理体系的核心载体，并按照数智化、扁平化、协同化、透明化、集成化"五化"理念，全面升级 AI 校长助理 2.0，着力打造多智能体协同治理全新治理范式。

1. 聚焦"数智化"，系统重构现代大学治理范式

2025 年，学校抢抓 AI 发展新赛道，基于 DeepSeek 等大模型自主研发现代大学数智治理专属智能体，发布 AI 校长助理 2.0，示范构建人工智能应用生态。

AI 校长助理 2.0 融入学校数字化 IP 形象"智思特"元素，并以"三头四驱六臂八般武艺"呈现各项功能。AI 校长助理 2.0 智能体具备"上情""外情"和"内情"三大智囊体系，实现实时抓取汇集全网重点资讯，大模型自

动生成《上情新闻摘要总结》;"四驱"映射"事业、人员、物理、网络"四大空间,助力学校关键工作智慧调度;围绕学生、教师、干部、学科、专业和课程打造六大画像,实现数据汇集和精准分析。AI 校长助理 2.0 基于数据中台汇集的 34 亿余条数据,通过大模型智能分析交互,全域赋能学校现代化治理,有力支持学校事业高质量发展。

2. 聚焦"扁平化",创新建立三大智囊体系

AI 校长助理 2.0 能够定期抓取互联网中国家最新政策动向、行业前沿发展趋势以及校内即时要闻,并通过智能算法自动提炼形成精练的内容摘要,直接供校长快速浏览与决策参考。系统还具备自动生成深度咨询报告的能力,校长可按需下载,进行更为细致的研究与分析。这改变了传统信息获取模式,从"被动全网搜索"转变为"主动精准推送",不仅极大地提升了信息获取的速度与效率,更确保了信息的准确性与高质量,为校长的科学决策提供了强有力的信息支撑。

3. 聚焦"协同化",率先建立四维协同治理空间

AI 校长助理 2.0 依托 IOC 聚焦"感知监测、数据分析、价值挖掘、协同调度",构建覆盖事业空间、人员空间、物理空间和网络空间的四维协同治理体系,四个空间配置 AI 大模型,基于空间运行数据进行智能问答交互、问题分析预警、决策辅助支持,实现智能驱动向空间治理转型升级。事业空间聚焦核心指标监测,实时追踪学校核心指标达成度、动态解析关键任务执行效能、构建学校事业发展监测体系。人员空间聚焦群体精准分析,实时感知三类群体体征数据、多源数据分析构建预警模型、输出靶向干预策略与发展路径建议。物理空间聚焦实体运行感知,通过全域感知学校实体空间运行态势、多维水电能效、资源配置情况,确保资源高效协同。

4. 聚焦"透明化",创新打造六大 AI 画像系统

学校围绕学生、教师、干部、学科、专业、课程六个关键维度,着力推动全域数据汇集融合,示范建立画像指标及评价体系,基于 AI 校长助理 2.0 创新打造了六大 AI 画像。

AI 学生画像聚焦"德智体美劳"构建学生"五育"指数,围绕能力和

能力素养建立综合能力评估模型,建立学生个人、学生群体等不同维度的能力综合评价。AI 教师画像基于学校人事"四定"分析系统,实现全校各单位教师教育教学和科学研究精准画像,针对教师教学研究真实数据开展常模对比、平均值对比、同岗位对比分析,AI 大模型交互可对教师当年教学和科研情况进行统计,分析当前教师优势。AI 干部画像围绕"德、能、勤、绩、廉"等干部考核体系,实现干部特征标杆和经历标签化;干部主要业务、考核情况以及全校对比分析情况"一屏统览",AI 大模型可根据全域数据分析当前干部特征并给出适当的任务建议。AI 学科画像实现对学科水平评估关键指标、"双一流"建设关键指标、学科方向贡献度等内容进行精准画像。基于学科专业数据,AI 智能体可实现文字分析报告的智能化生成和下载,真正让画出的像"活起来",说出话来。AI 专业画像直观了解学校专业建设情况,对年度调整专业和预警专业等年度重点工作进行调度。AI 课程画像实现了对课程资源建设情况进行智能分析——找到热度最高、互动最多的热门课程,对学院课程参与情况、热度情况进行横向和纵向交叉对比,精准定位学校课程建设情况。

5. 聚焦"集成化",示范构建八大 AI 智能体矩阵

学校按照"大集成"总体理念,围绕全校事业发展重点工作和 AI 治理关键领域,示范构建 AI 人事助手、AI 宣传助手、AI 视频助手、AI 理工百事通、AI 网络数据图、AI 科研助手、AI 智慧体育、AI 爱阅书伴等八大智能体矩阵,打造数字教育领域 AI 应用全新生态。

第四节　数字赋能国际化工作创新升级

学校以"外事综合管理信息系统"(图 7-2)为依托,全面重构外事业务流程,全领域、全流程地智慧化赋能国际化工作。

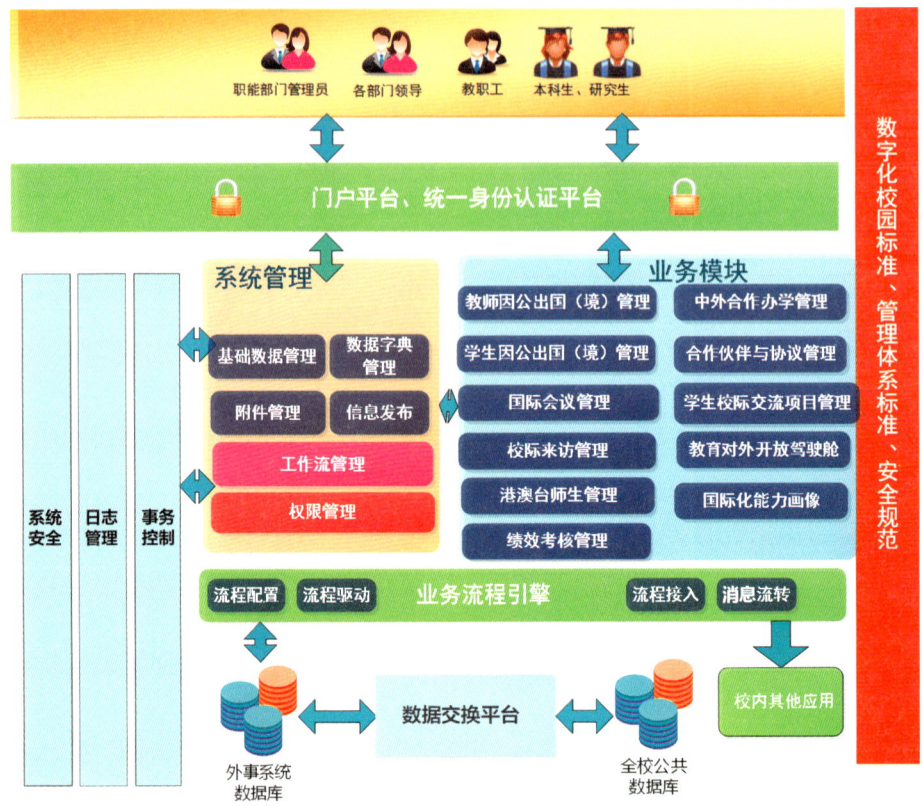

图 7-2　外事综合管理信息系统架构

一、构建外事管理数智化新体系

1. 业务模块集成

外事综合管理信息系统涵盖教师及学生因公出国（境）管理、国际会议申报、外宾来访接待、合作伙伴与协议管理、中外合作办学管理、港澳台师生管理等 11 项核心业务，实现从申请、审批、执行到总结的全周期闭环管理。

2. 技术架构优化

拓展外事综合管理信息系统二次开发空间，支持跨平台访问与高并发处理；对接学校统一身份认证、数据中台、财务系统、档案系统等，实现数据互联互通，打破信息孤岛。

3. 驾驶舱升级

新版驾驶舱更新优化核心业务实时看板，新增建设工作成效评价看板以及重点任务红绿灯提醒等多项功能。同时，支持多维数据组合分析（如数据图、柱状图、雷达图），实时展示教师/学生国际化画像、教学科研单位绩效排名、国际合作热点分布等，为决策提供直观依据。

4. 强化流程创新

开发绩效考核管理模块，实现智慧考核决策，减轻教学科研单位负担；新增团组审批功能、电子印章系统对接、自动到期提醒等优化模块，推动无纸化办公，提升外事服务效率。

二、数据贯通与服务创新

通过系统建设与优化，实现了外事管理从"业务线上化"向"服务智慧化"的跨越。

1. 数据共享与协同治理

对接学校数据中台，实现所有业务数据表单在中台共享。同时，每日同步师生基础信息、国际会议数据、合作协议等关键信息，实现与人事处、财务处、档案馆等6个职能部门的跨系统数据互通。可推送九大类（含教师/学生出国出境信息、国际会议申报数据等）外事数据，为30个教学科研单位提供年度国际化质量报告及绩效考核依据。

2. 师生服务与全景覆盖

实现外事业务100%线上办理，年均服务3000人次，减少师生线下跑腿4500人次/年，审批效率提升10倍（最快1小时内完成流程）。移动端集成"武理微校园"，支持企业微信端的申请与审批，覆盖PC端、移动端全场景操作，界面体验友好度显著提升。

3. 流程规范与资源优化

开发智能绩效考核模块，建立师资队伍国际化、人才培养国际化等5项指标体系，自动生成教学科研单位国际化能力画像，支撑考核科学化。对接电子印章系统，实现备案表、批件等材料线上盖章，减少人工归档工作量。

三、打造国际化战略支撑新标杆

系统建设与驾驶舱优化成效显著，为学校"十四五"国际化战略落地提供坚实保障。

1. 管理效能全面提升

外事业务审批量，教师是 2000 人次/年、学生是 1000 人次/年，外专来访审批 500 人次/年，国际会议申报 30～40 次/年，管理合作伙伴协议近 200 份，数据覆盖全面精准。驾驶舱动态展示全校国际化态势，满足校领导"一屏统览"的决策需求，助力资源配置优化与国际合作方向精准把控。

2. 战略目标高效支撑

服务"十四五"国际化工作，通过数据挖掘实现优质合作资源定向有效拓展，提升国际化工作达成度。构建分析模型，依托绩效考核数据智能生成教学科研单位国际化能力画像，为国际化工作精细谋划、精准施策提供科学依据。

3. 服务效能显著提升

师生用户满意度达 95% 以上，系统获评"界面清晰、操作便捷、安全可靠"，成为学校外事服务新窗口。依托系统形成"外事数据—治理分析—战略决策—资源调配"闭环，提升学校国际影响力，服务国家"一带一路"与教育对外开放大局。

学校还将继续深化系统功能迭代，拓展外籍专家库建设与智能体建设，推动外事管理向"主动服务、智慧引领"升级，全面推进学校国际化工作高质量发展。

第五节　协同构建数智化大保障综合管理体系

学校以数据为枢纽串联资金统筹、绩效评价、后勤服务、能源管理与采招协同五大维度。建立基于大数据的学习分析与过程监管流程，形成"认证一个口，服务一个厅，流程一张表，决策一平台，管理一个库"的全新治理模式。从资金执行的智能调度到绩效模型的动态预警，从后勤服务"四干并进"的品质升级到能源管理的绿色智控，再到采招全链的数智化重构，体系化展现了技术赋能下管理效能的跃迁。通过数据贯通、流程再造与机制创新，构建起"全要素联动、全周期管控、全场景覆盖"的保障生态，推动管理从经验驱动向智慧协同的深刻转型，为高质量发展注入强劲动能。

一、数字赋能资金执行统筹与调度

1. 基本情况

2023年，财政部全面推行预算管理一体化，对财政资金管理提出了更高要求，在强化预算刚性约束的同时严控用款计划和资金拨付，通过国库集中支付。财政资金不再是"学校想要多少，财政拨付多少"，而是"学校请款，财政审批"，财政资金拨付不确定性大，且一旦使用自有资金支付将无法将其调整至国库资金，资金调度难度大。学校基于大数据技术，构建资金执行统筹与调度模型，分析统筹调度收入和支出，高度耦合资金流入和流出，精准调度与统筹资金使用。

2. 实践过程

（1）资金流预测。通过获取历史资金流与凭证数据构建基于机器学习的日资金预测模型。在做好人员经费、基建支出、专用经费等固定支出规划的基础上，修正与优化资金预测模型，确保资金流出预测值涵盖固定支出资金需求。同时，做好变动流出项目资金规划，对于本期变动流出项目中可延迟支付部分考虑列入下期资金流出数据。做好财政资金规划，优先使用财政资金。

（2）现金流预测与决策。通过分析网银流水，在资金流预测基础上，将财政资金不足以支持部分列入现金流预测数据。根据现金流预测数据确定定期存款金额，根据历史预约单数据预测资金需求峰值，进行周资金需求预测，存量资金在满足周资金流出需求的基础上进行7天存款规划。

3. 应用成效

财政资金执行实时监控，确保100%执行。2024年平均执行率同比提升约10个百分点，学校财政专项资金执行率近两年在教育部直属高校中排名靠前。合理规划自有资金，科学精准筹划资金，通过定期存款、7天存款等方式，年度利息收入涨幅为157.43%。

二、基于年度考核与经费使用的绩效评价

1. 建设思路

将各二级单位年度绩效考核结果和其行政教学类经费综合使用情况进行关联，利用多元线性回归模型分析其相关性，构建绩效评价指标体系并分配指标权重，确认绩效评估计分方法，对偏离绩效目标的情况进行感知预警。

2. 实践过程

（1）构建绩效评价模型。以学校22个学院为样本，以2020—2022年为样本期，以年度绩效考核结果和经济活动类型数据为数据来源。选取年度绩效考核分值为因变量，选取从行政教学类经费中列支的相关经济活动开支占比为自变量，剔除人员规模的影响，构建多元线性回归模型，明确对经费使用绩效评估影响最大的关键绩效指标。

（2）实时监控预警。利用模型对各项经费使用情况进行评分，并将经费使用变动过程与评估结果及时反馈给各学院，为学院提高经费使用成效提供动态指导。

3. 应用成效

实时掌握预算执行情况，为各学院经费管理与下一年度预算调整提供依据；为提升预算编制科学性和精细化水平，优化预算支出结构提供决策支持。

三、建设公房信息系统

学校公房管理信息系统分三期建成，实现了与学校财务、国有资产、智慧纪检及数据中台的全面对接。该系统以层级式图文一体化的方式展示了马房山校区、余家头校区、军山校区、襄阳示范区、三亚科教园以及异地科研机构等全校公房数据信息，从"校区—片区—楼栋—楼层—房间"逐级细化，确保每间房屋的使用人及家具设备资产信息清晰可见。

学校公房信息系统不仅覆盖了房屋分割、合并、信息变动、数据查询和报表统计等基础业务功能，还通过分析二级单位师生规模、人均面积、教学科研工作量以及同类型学院学科特点等数据，实现了学校房屋资源的智慧

化分配与调整，有效支持了学校决策工作，科学合理地配置了房屋资源。近3年来，学校优化调整各类房屋面积近4万平方米，有效盘活了房屋存量资源，提升了房屋使用效益，极大缓解了教学科研用房的压力。此外，还整合了全校经营性门面房产的数据信息，以图文形式全面展示了每间经营门面的地理位置、租赁面积、评估价格、租赁价格、租赁时间及承租人等合同信息，实现了学校经营性门面的集中统筹管理。通过设置关键数据的红绿灯警示，系统有效降低了门面的管理成本，提升了经济效益，确保了学校利益。

结合学校教学科研单位公房有偿使用改革文件，构建了包含十余个部门、近60项数据的公房有偿使用数据模型，实现了教学科研单位公房有偿使用的规范化、流程化、无纸化管理。2024年，学校在湖北地区高校中率先全面完成了教学科研单位公房有偿使用工作，公房有偿使用改革工作取得了显著成效。

四、智慧能源管理变革

1. 基本情况

智慧能源平台建设主要包含学校水电资源智慧化管理所必要的系统，如计量设备监测系统、压力监测系统、节水节电分析系统、泵房电房监控系统、计量收费系统、智能报警系统、智能小程序、水电资源数据可视化平台、物联网平台等。其中，基于前端远传水表电表等感知设备，可以实现对数据的实时采集，通过业务平台多维度展示学校水电资源管理情况，从而帮助学校科学分析，实现了长效节水节电。

2. 促进水电资源数据管理

学校构建完整的水电资源数据管理平台，通过建设微服务平台、管网GIS系统、DMA漏损管控系统、泵房电房智能控制系统、智慧调压控制系统、智能绿化灌溉系统、非常规水监控系统、后勤工单平台等，推进学校水务数字化的全面渗透和深度融合，将节水节电工作提升到新的高度。

3. 推动水电资源管理智慧化

学校通过"智能节水节电硬件""智慧节水节电软件""有效节水节电方法"三位一体，结合"专、精、实"的建设思路，按照"统筹设计、按需建设、分步实施、逐步推广"的总体思路,构建长效运维机制,提升学校水电资源管理智慧化水平。系统主要包括计量设备监测系统、压力监测系统、节水节电分析系统、泵房电房监控系统、计量收费系统、智能报警系统、系统管理、智能小程序、水电资源数据可视化平台、物联网平台等应用模块。通过可视化图表的方式,全方位展示校园用水用电和节水节电指标,可实现对高校用水用电情况的实时监控和智能分析,及时发现校园异常用水用电事件并报警提醒,从而提升异常事件的响应处理效率,为校园的日常节水节电管理工作提供决策支撑。

智慧能源平台在学校水电资源管理中的应用,为学校提供了科学、高效、智能的水电资源管理解决方案。这种智慧化的管理不仅提高了学校用水用电的效率,也为长效的节水节电工作提供了坚实的基础。智慧能源平台将在未来发挥更加重要的作用,为学校提供可持续的水电资源管理方案。

五、数字赋能采招工作提质增效

1. "数字转型"构建采招管理新范式。采招数字化系统实现"全项目、全流程、全内容"的"三全"数字化转型,系统自动归集采购全生命周期数据,建立多维度数据台账,形成完整的采购数据底座,为全量分析提供支撑,提升管理效能。

2. "一屏通览"赋能科学决策新维度。通过采购数据驾驶舱整合核心指标,该系统直观呈现采购关键数据,帮助校领导及管理部门快速掌握全局动态,实现"一屏观全貌",从而提升决策精准度。

3. "数智预警"建立风险防控新机制。动态监测采购预算调整、文件编制、采购执行等关键环节,聚焦采购效率、效益,通过智能预警和分级督办实现风险早发现、早处置,最终提升采购绩效。

4. "智慧联动"打造业务协同新格局。打通财务、人事、资产、纪检等业务系统,实现预算控制、权限管理、数据流转等全链条协同。通过电子监察模型实时监控采购活动,将异常情况自动推送至纪检部门,构建智慧化内控体系,提升跨部门协同效率和监管效能。

第六节　建立发展质量保障体系

学校构建了一套"人机协同"的数字化转型新治理体系。从体制、机制、制度上将"人机协同"贯穿于数字化转型改革的全过程。学校于2022年5月成立质量评估处，此举是学校深化"放管服"改革、推进"管办评"分离，构建现代大学治理体系，提升学校现代大学治理能力的关键举措。数字化转型新治理体系通过开展过程评价、结果评价、增值评价、全面评价，为学校重点工作推进成效与状态进行数据画像，为学校科学决策推动高质量发展提供支撑。

一、质量评估的组织与管理

质量评估处负责学校质量评估工作的组织实施，出台了《武汉理工大学质量评估管理办法》。质量评估处具体工作如下：负责制定学校质量评估管理办法、部门业务质量评估报告评估办法、学校事业发展质量评估观测点体系、部门年度质量评估报告撰写规范，编制学校年度事业发展质量评估报告，审核部门业务质量评估观测点体系，组织开展部门年度质量评估报告、专项工作质量评估报告的评估工作并反馈评估结果。职能部门直属（附属）单位负责部门质量评估工作的具体实施，负责制定部门业务质量评估观测点体系、编制部门业务年度质量评估报告和专项工作质量评估报告。职能部门直属（附属）单位对质量评估观测点所涉及的数据信息真实性负责。学校成立质量评估报告评估专家组，组长由高等教育管理方面的资深专家担任，成员包括质量评估处、校内外高等教育研究及管理专家等。专家组负责指导学校质量评估相关工作，审议学校质量评估报告质量评估标准，开展部门年度质量评估报告、专项工作质量评估报告的质量评估工作。

二、质量评估的内涵与形式

学校质量评估以质量评估观测点体系和评估标准为基础，以现代信息技术（如大数据技术）为手段，对学校办学活动进行动态监测，收集汇集各类数据信息，构建数据驱动的结构化分析模型，实现学校基本运行状态、部门业务推进情况和专项工作推进情况数据画像，形成质量评估报告，及时反馈改进，建立"规划—执行—监管—评估—反馈—改进"闭环质量保障体系的精准管理办法。学校质量评估旨在推动学校治理体系治理能力现代化，突出办学特色，实现学校事业的高质量发展；推进学校部门职能向履行规划、监管、评估、服务等职责转变；实现从微观事务管理向宏观调控转变，从资源分配向事中事后监管转变，从粗放管理向数据驱动的精准管理转变，从行政管理向服务型管理转变；加强对二级单位业务工作的过程监测及数字画像构建，同步推动结果评价及系统性分析，突出持续改进，推动各项工作目标任务高质量落实。

学校质量评估分为学校事业发展质量评估、部门业务质量评估、专项工作质量评估。学校质量评估以质量评估报告为呈现载体。质量评估报告围绕质量评估观测点，对照评估标准与常模数据，对学校业务范围内各项工作的分析评估，分为学校事业发展年度质量评估报告、部门业务年度质量评估报告、专项工作质量评估报告。质量评估观测点体系由体现学校职能分工、管理服务对象运行状态、学校事业发展水平的相关数据信息观测指标组成，质量评估观测点体系由一级观测点、二级观测点、三级观测点和评估标准四部分组成，包括学校发展规划关键指标、党政工作要点重点任务、部门核心业务目标等内容。质量评估观测点体系的制定坚持准确性、一致性、时效性、规范性。部门业务质量评估观测点体系须包含学校事业发展质量评估观测点。

第七节 建立目标责任考核机制

学校通过建立全数据驱动的目标责任制考核管理平台，推进数据协同共享，实现降本增效。运用"一数一源"的数据中台，实现数据的"精准采集、便捷服务"，各部门均可申请访问使用数据，真正做到"数据跑腿代替人工填报"，实现数字化目标责任考核制的探索与建立。

一、目标责任制考核改革背景

传统高等教育评价在保证正确办学方向、引导合理定位、推动办学质量提升等方面起到了积极支持和正向引导作用，但从总体上看，当前高等教育评价还存在如下问题：立德树人评价指标抽象且量化难、评价参与主体多元分散且协同发力不足、评价质效低且增值评价欠缺、评价方式滞后且难以适应数字时代转型需要。

2022年以前，学校实行的是传统的目标责任制考核，即被考核单位填表，考核牵头部门核对所填内容并反复沟通修改直至一致。首先，考核过程烦琐复杂，流程阻滞，被考核部门填表压力大且沟通负担重。其次，考核体系不够清晰，多项指标内容重复考核，重点不突出，虽然考核结果应用于绩效分配，但缺乏对考核结果的分析、评估、反馈，目标责任制考核的内涵作用发挥不够，无法满足学校日益增长的高质量发展需求。

2022年质量评估处成立后，学校结合实际情况，深化目标责任制考核改革，突出考核体系、指标、内容、方式、结果等五大转变。学校坚持聚焦重点、监控过程、数据驱动、科学评价、精准治理、提质增效的改革指导思想，明确目标责任制考核要与学校战略发展规划、干部任期目标任务、学校年度重点工作等相结合，确立"目标导向、规划统领、重心下移、两级管理、分类评价、科学考核、质量优先、奖惩并举"的基本原则，将教学科研单位考核重点确定为立德树人根本任务落实情况，将职能部门及直属附属单位考核重点确定为规划、监管、评估、服务等职能履行情况，重点任务完成情况、服务教学科研单位及师生满意度等内容。目标责任制考核改革在传承创新的基础上更好地发挥指挥棒作用，通过数据驱动，合并多类考核，突出考核重点等方面简化考核工作，减轻二级单位年终考核负担，实现管办评分离，推进职能转变。

二、目标责任制考核文件修订

学校围绕考核办法和实施方案主要内容，制定出台《武汉理工大学目标责任制考核办法》和《武汉理工大学2022—2025年目标责任制考核实施方案》等文件。新制定的考核文件较以往主要有五大转变：考核体系转变、考核指标转变、考核内容转变、考核方式转变、考核结果转变。新文件中指出，要坚持问题导向、优化指标体系、简化考核内容，在原有考核基础上，突出国际化工作、数字化工作的重要作用，突出职能部门规划、监管、评估、服务"四大职能"的考核重点，确保各部门能够充分发挥核心职能，推动整体工作有序开展。通过构建考核体系，将问题导向、过程监测与结果应用有机衔接，推动考核评估从经验驱动向数据驱动转型。依托目标责任制考核管理平台，达成考核数据"抓取为主、填报为辅"的目标，关键业务数据实现可视化呈现，既有效降低了填报负担，又通过数据中台"一数一源"确保数据的精准性和真实性，实现考核结果正态分布。

三、建立全数据驱动的目标责任制考核管理平台

1. 平台具体建设情况

（1）数据层面。基于学校基础数据库（数据中台）、公共信息系统及相关业务信息系统，管理平台从数据源头进行基础指标数据的采集与维护，实现考核指标数据的"精准采集，便捷服务"，促进业务数据的整合、积累与应用。基础数据变为可供考核业务使用场景下的可用信息，通过数据应用构建数字化考核业务场景。

（2）业务层面。在全校的目标责任制考核工作中，质量评估处与各考核牵头部门快速实现指标全流程管理，包括构建、审核、下发、提取分析等，被考核单位及时完成考核结果查看、分析及确认；基于年度考核指标数据的汇总，在各级部门系统中进行实时呈现并自动生成年度考核分析报告，实现一个平台下的考核流程及评价业务综合作业，构建全流程闭环的目标责任制考核指标体系，实现基于真实数据的动态高效考核管理，推动学校以数据驱动教育管理决策的常态化应用实践。

基于管理平台，顺利完成年度各单位的目标责任制考核工作，建立了22个考核任务，覆盖70个二级单位、88个考核流程，年度累计登录使用3万人次。

（3）构建"规划—执行—监管—评估—反馈—改进"的闭环质量保障体系。通过质量管理平台对51000余条年度目标责任制考核相关的过程数据及结果数据进行分析整理，建立过程性评价、增值性评价与全面评价相结合的分析模型，形成70个二级单位的考核分析图表及报告并反馈，推动二级单位

精准查找问题，持续改进，形成"规划—执行—监管—评估—反馈—改进"质量保障体系闭环。

2. 考核工作总体完成情况

学校根据学校数字赋能考核工作的相关要求，与某行业领先的软件信息技术公司、信息化办公室、网络信息中心等沟通合作，建立学校质量评估管理平台（考核管理平台），并于 2022 年 12 月底启用。通过数据赋能与数据驱动，简化工作流程，提供便捷服务，提升服务效率，降低人力物力成本。被考核单位不用填一张表，即可顺利完成 2022—2024 年二级目标责任制考核工作，实现管理制度化、制度流程化、流程数字化。

属于考核维度之一的服务对象满意度测评考核与教学科研单位满意度测评考核，也因测评方式改革为基于考核管理平台的数据驱动线上测评。测评范围大幅增加，测评结果的科学性和准确性也大幅提升，不需要线下测评，也不再受时空条件限制（2021 年全校测评人数不多于 800 人）。考核工作与数据协同流程见图 7-3。2022 年共收到有效测评数据 17000 余条，参与测评人数达 6800 余人次，较 2021 年增长 747.37%。2024 年，学校持续优化满意度测评，通过增加过程性满意度评价，将一站式服务平台、IOC 工单评价和业务系统满意度评价纳入满意度评价考核体系，测评样本类别得到进一步完善，过程数据通过中台抓取，测评样本大幅增加，测评数据达到 607469 条，测评结果更加客观。

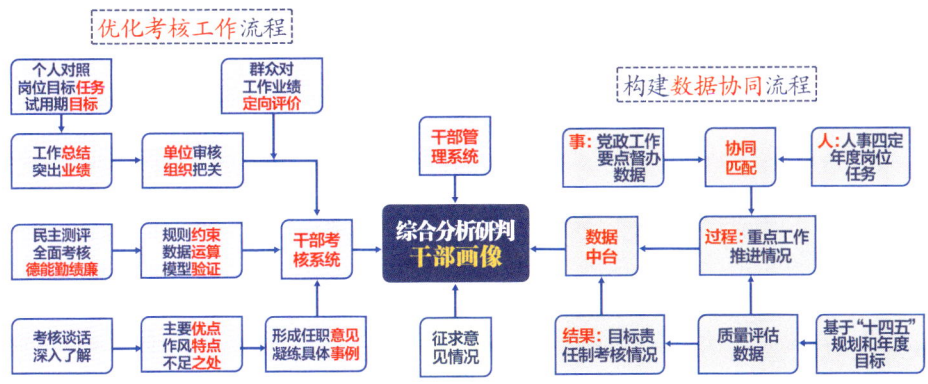

图 7-3　考核工作与数据协同流程

四、推进数据协同共享

通过平台的建设梳理考核指标 4233 个，覆盖全校各二级单位，通过 11 个个性化满意度测评的方案完成各类人员对学校各二级单位的满意度测评，平台累计登录使用人次达 3 万。目标责任制已与数据中台打通，实现了数据自动抓取。同时，将系统数据纳入部门数据资源目录，为学校数据中台提供了 70 个单位的目标责任制考核的结果明细数据，以及考核三级指标完成情况明细数据。目前，由该系统提供给学校中台的数据已被智慧纪检系统等学校其他部门系统多次申请使用。

五、全周期单位画像

构建单位年度任务完成情况计算模型，系统分析对比并生成数字画像，进一步加强过程评价，对重点工作核心指标进行实时监测、分析与反馈。该画像依托算法构建多维评估矩阵，整合党政管理、本科教学、科学研究、学生工作、学科建设与研究生教育、队伍建设、数字化工作、国际化工作 8 个维度，形成覆盖"目标分解—过程监测与反馈—效能评估"全周期的动态数字画像。基于数字画像，系统生成单位工作进展分析报告，帮助二级单位实时查看，了解各项工作进展以及兄弟院系完成情况，助推各单位找差距、明方向、定举措。

单位数字画像主要模块包括：（1）该单位上一年度考核结果，包含 8 个维度的评级结果；该单位近两年考核结果分析，包含系统生成的对比分析；（2）红绿灯预警，结合各监测指标的业务特点，明确预警的标准、算法、功能，根据完成情况，实现实时红灯、黄灯、绿灯等预警提示功能；（3）各单位年度承担重点工作项数横向对比和完成情况横向对比；（4）该单位年度重点任务指标分析；（5）各维度承担重点工作任务数及完成率，识别并分析超额完成任务项。

横向对比模块采用雷达图与柱状图等形式呈现，将同类单位在治理效能、卓越科技、卓越培养、卓越队伍四大领域的表现进行量化对标，识别各单位的优势区间与薄弱环节。纵向趋势分析模块，基于近三年数据构建纵向对比图，自动标注关键转折点与潜力增长区间，为各单位制定下一年度的发展规划提供决策方向。

六、实现降本增效

在质量评估管理平台建立前，年度目标责任制考核需二级单位先填写考核表，提交考核牵头部门审核，还要与二级单位反复沟通、修改与确认，导致被考核单位工作量较大；而通过全过程数据驱动的质量评估管理平台开展年度目标责任制考核工作后，被考核单位无须填写表格，仅需核对考核牵头部门提供的考核结果，并进行线上确认，效率明显提高，同时降低了人力成本。

2024年3月，学校首次建设全域数据分析驾驶舱，在驾驶舱中部署完成学校高质量发展核心指标监测、分析和预警模型，开展111个核心指标全域数据的过程性监测、分析、预警和反馈。同时，将全域数据对接到领导驾驶舱、IOC、院长驾驶舱和处长驾驶舱，向学校职能部门、学院实时展示核心指标的完成情况并进行预警，这种"数据跑腿替代人工填报"的实践，进一步为学校考核工作的提质增效提供重要支撑。

学校立足行业特色，系统推进综合评价改革，建立符合高校办学特点和人才培养特色的评价模型，真正让大学去除浮躁和功利化。通过评价导向牵引育人方式改革、办学模式改革、管理体制改革、保障机制改革，推动高校全面深化综合改革，引导教师潜心教书育人，促进学生全面发展，引导科学选人用人，最终实现对传统教育的价值重建、结构重组、机制再造、文化重构，不断激发高校发展的内生动力和活力，为新时代理工科高等教育评价体系建设提供实践样本，推动构建富有时代特征、彰显中国特色、体现世界先进水平的高等教育评价体系。

第八章　数字赋能服务质效提升

为师生、校友服务是高校育人的重要部分，通过建立现代大学后勤服务体系、推动数字图书档案服务提档升级、构建校友服务育人长效机制，坚持服务育人宗旨，积极参与高校"全员育人、全过程育人、全方位育人"体系建设，后勤、图书档案、校友服务系统就可成为学校立德树人、培育卓越人才的重要力量。

第一节　后勤保障服务提升师生"三感一度"

学校通过建设校园综合服务保障平台，优化后勤联动闭环保障机制，依托"一屏、一指、一警"服务模式帮助高效率高质量满足师生服务需求，并通过综合数据分析系统将收集的数据进行处理、分析与可视化呈现，按照不同模块制定不同标准，以支持学校后勤保障数据驱动的决策制定和业务优化，提升师生"三感一度"（幸福感、安全感、获得感和满意度）。

一、全面提升后勤服务质量

学校构建起后勤五大数字化业务系统生态矩阵，为后勤服务高质量发展注入强劲动能。

1. 实干显成效，筑牢食品安全防线。建设"互联网+明厨亮灶"智慧食安平台，借助物联网技术搭建全链条监管体系，具有明厨亮灶、AI物联智能感知预警、智能监管、食安指数、大数据分析等九大功能，覆盖全校20个食堂。通过与学校数据中台进行数据对接驱动，协同共享，实现了食品安全的可感知、可分析、可预警、有预案。

2. 巧干增效率，优化供餐体验。建设食堂容量实时统计系统，借助智能传感技术与AI算法，实时采集并分析人流数据，动态监测就餐密度并提供客流预警，集团及时调整服务资源配置，改善就餐环境。据统计，系统建成后食堂高峰时段排队时长缩短20%，师生就餐体验舒适度大幅提升。

3. 快干促效能，升级出行服务。建设智慧交通典型应用场景，涵盖L4级无人驾驶接驳服务、班车实时查询系统及通勤班车智能监控平台，优化车辆调度方案，全方位提升师生出行服务体验。无人驾驶车辆微循环路线的开通，还为教学科研提供实践场景与数据支撑，实现后勤服务与教学科研的双向赋能。

4. 智干提品质，精准响应需求。建设服务对象满意度评价采集系统，通过对食堂、超市、通勤班车、大型活动保障、服务育人等46个场景数据的采集，构建起多渠道数据采集网络，结合智能分析模型，精准捕捉师生需求，推动服务持续优化。

二、实现校园综合服务全覆盖

学校大后勤大保障包括财务处、实验室与设备管理处、保卫处、审计处、基建与维修处、后勤管理处（房产管理中心）、采购与招标管理办公室、网络信息中心、后勤（集团）总公司、医院等十个部门和余区管委会，通过集成信息、优化流程，能够更迅捷地响应师生需求，提高服务质量，为学校数字化转型贡献力量。学校后勤管理在数字转型方面取得了显著进展，服务平台上线后，师生可以通过"一云、一网、一端"实现网上报修、网上缴纳水电费、住房管理、校车预约、食堂消费、意见反馈等多功能整合，实现服务的全面覆盖，操作更为方便和迅速。

三、支持决策制定和业务优化

通过集成数据收集、处理、分析和可视化展示功能的综合性工具，帮助用户从庞大的数据中提取有价值的信息，支持数据驱动的决策制定和业务优化。建立七个部门的数据分析平台，根据部门不同场景下的不同业务模块分别设立不同的数据指标，以确保每个业务模块能够在其特定的背景下进行有效的监测和评估。

学校依据统一标准体系，实现了系统间协同运作，最大化利用资源，同时优化后勤服务流程，提高服务水平，降低运营成本，还能更好地适应更具个性化的师生需求，实现学校后勤服务高质量发展。

学校以数字技术赋能师生服务，从降本增效、服务升级、管理优化等多维度发力，推动后勤服务效能全面跃升，加速后勤服务模式向智能化、精细化转型升级，全面提升师生"三感一度"。

第二节　数智图档服务优化升级

学校以空间重构与服务创新为突破口，通过系统性数字化实践，着力构建支撑学校教学科研和人才培养的新型知识服务体系，形成"空间即服务""读书即育人"的现代高校图书生态，在资源智联、场域再造和服务效能方面取得显著成效。

一、全域感知智慧空间：数据驱动服务优化

学校率先打造"图书漫游中心"，作为学校教育数字体验与服务中心的重要组成部分，通过大数据看板展示全馆实时运行状态，包括在馆人数、座位使用情况、热门图书排行、馆藏图书资源等数据，这些数据不仅帮助师生合理安排到馆时间，更为图书馆优化资源配置提供了科学依据。

"读书长廊"创新"导读+"服务模式，依托纸电资源一体化平台，汇聚协同育人力量，形成了独具特色的校园阅读文化，由校领导、院士、教学名师、学术带头人、最美辅导员、图书馆馆员等组成的首批导读团队，通过视频荐书、"面对面"讲座、主题党日活动等形式，以"推广、推荐、推送"三元一体的导读导学模式与思政教育有机结合，为学生提供立体化、多元化、泛空间化的阅读指导，助力学生人文素养、科学素养、艺术素养等综合素养的提升。

学校打造"数实共生新阅读""3S"主题阅读体验空间，将"自主学习、自主管理、自主服务"育人理念嵌入图书馆实体空间，创设自主式、沉浸式读书环境，将人、空间、资源融为一体，让学生在对场馆空间功能的感悟与体验中实现显性知识和隐性知识的双提升。

二、全流程智能化改造：技术赋能服务升级

"AI 爱阅书伴"作为智能服务中枢，整合了通用大模型和垂直领域知识库，能够精准理解师生的咨询需求和阅读偏好，实现基于 AI 大模型和馆情大数据的 24 小时智能对话，基于个人检索借阅历史、专业信息和选课数据的 AI 生成式个性荐书，真正做到"千人千面"。此外，书伴还接入了一些满足特定需求的 AI 智能体，如机器阅读、机器翻译、VR 书房、视频理解等，为师生带来丰富、便捷的服务体验。科技查新平台将科技查新和论文查收查引业务从线下搬到线上，对业务流程进行重构和优化，实现师生服务办理"零跑腿"。虚拟图书馆通过 3D 建模技术和实体馆藏虚拟定位技术，实现空间和资源的可视化，让师生在手机等数字终端远程查看图书的精确位置，有效解决了大空间"找书难"的问题。空间统一预约系统将以往线下分散式预约转变为线上集中一站式预约，覆盖 4 个校区的图书馆 20 多个场所，实现人、物理空间与信息资源的三元关联与交互，极大提高了空间利用效率。

三、多维价值闭环：数据驱动服务成效显著

在资源利用方面，电子图书阅读量大幅增长；在服务效能层面，科技查新在线平台使查新周期大幅压缩，高峰期排长队的现象得到有效缓解，AI 爱阅书伴的直接回答率已达 100%，读者满意率达 98.15%。这些数据表明，图书馆的数智化实践得到了师生的高度认可。

这些实践不仅重塑了图书馆的价值坐标，为师生提供了更加优质、高效、便捷的服务，为高校教学科研和人才培养提供更加有力的支撑，更为高校知识服务数字化转型提供了可复制的"理工范式"。

四、本地化部署档案 AI 大模型及其工具链

学校运用人工智能、物联网、大数据等技术，以数据可视化、监管网络化、设备智联化、业务智能化、信息感知化等为目标导向，初步建成以"资源归集、智慧运行、文化共享"为核心的覆盖档案收集、整理、统计、服务利用与馆库设施管理等业务流程的综合业务平台，以高水平的档案管理与服

务工作助力档案服务育人提质增效。

2023年，学校率先在国内高校档案馆中本地化部署开源模型AiArc以及相应管理工具——AiArc API，将AI技术无感融入档案馆各项业务工作。建成档案智能客服机器人。2023年6月，学校上线档案智能客服机器人，实现7×24小时在线问答服务，日均服务近百人次，服务窗口高峰期电话接待量从每日200个左右下降至80个左右。利用AI智能体提升档案服务、收集效能。通过自主开发，针对不同业务场景将多个智能体分别应用于出国资料翻译校对、毕业生档案转递地址校验、档案数据加工与著录等多项业务工作中，减少人工著录环节，提升业务办理规范性与标准化，显著降低业务办理用时，用户满意度常年维持在98%以上。

五、实现校史文化数字化传播

学校通过大数据、互联网、云计算、人工智能等，实现校史文化数字化传播并建成"一体式"微信端服务平台。校史馆微信端服务平台集预约、讲解、导览、视频及VR沉浸式体验等为一体，打造个性化、交互性、沉浸式校史育人平台，该平台既可提高校史馆的管理运维效率，又可提升来宾的参观体验，强化校史文化育人成效。打造虚拟校史馆和智能体。整合线上线下渠道资源，运用VR、360°全景技术打造虚拟校史馆，将拍摄的全景效果结合图片、文字、音乐、解说等形式，声形兼备、生动形象地全面展示学校发展历程及实物档案细节特征，以网上展览、导览式学习和交互操作为主要亮点，建设基于"3D+360"混合场景模式的虚拟校史馆，通过智能导览、知识拓展、图集展示、音频视频播放、时空穿越、社交互动等丰富交互功能，集中展现学校120余年的发展历程和办学成就。

第三节　社会服务持续释放"数字红利"

学校遵循"认清形势、聚焦重点、鼓足干劲、力争上游"的原则，以数字化向数智化转型为契机，实施"校友工作强基聚力""捐赠收入扩优提升""行业学校融合发展""六访六促提质增效"四大行动，同时强化"育人、引才、学科、科创、资源"五大协同机制，助力推进教育科技人才一体化发展，提升学校社会服务与校友工作水平。

一、数字赋能提升资源拓展和服务社会能力

为了进一步拓展社会资源，提升服务社会能力，学校积极开展社会合作"六访六促"行动，即访行业骨干企业，促合作共建；访行业管理单位，促协同共商；访科技研发机构，促平台共享；访国内一流大学，促学科共进；访海外优质资源，促人才共引；访各地优秀校友，促发展共荣。通过数字建设，促进信息共享、强化部门协同，有组织开展社会合作。

1. 建立国内合作管理系统，实现社会合作相关工作线上全流程管理。为方便业务流程线上办理和数据管理，针对国内合作协议在线审批、合同归口管理、行业互动统计、评估报告撰写、成效分析评价等工作，构建高效的数据管理平台，从而实现数据辅助业务决策。通过系统直观、动态、简洁地呈现可视化数据，实现人与数的实时交互，加快数据治理、激发数据价值、赋能业务发展。

2. 升级"六访六促"驾驶舱，实现核心业务关键指标实时动态呈现，做到"心中有数"。驾驶舱围绕任务下达、指标监测、信息统计、及时预警等功能需求，选取核心业务领域的关键指标项进行个性化搭建，实现全方位数据感知。将全域感知指标完成进度和红绿灯预警模型接入督办系统，及时发现问题、加快响应速度、采取有效处理措施，形成闭环管理。

3. 打造社会合作 AI 智能体，助力"六访六促"行动全流程服务提质增效。通过对接学校数据中台，AI 智能体向校内各二级单位智能推送"必访名单"，加强精准走访；针对各类国内合作协议进行清单式梳理，实时反馈协议履行情况并进行节点提醒；通过校地、校企互动情况及时传送各级政府及行业企业需求，实现智能推送；围绕学校"育人、引才、学科、科创、资源"等方面完成情况，自动生成成效分析报告，提供合理化建议，实现工作过程管理与精准纠偏，有效促进各项工作提质增效。

二、智慧化生态链接服务广大校友

校友是母校最深情的牵挂、最宝贵的财富、最珍视的资源、最值得信赖

和依托的群体。校友会通过加强数字化建设，将母校和近 70 万校友紧密联结，成为联结母校与校友的桥梁和纽带、支持服务校友成长发展的组织和载体。围绕"全周期、全范围、全方位"服务理念，打造"三位一体"智慧管理服务体系。学校校友信息化平台总体设计架构如图 8-1 所示。

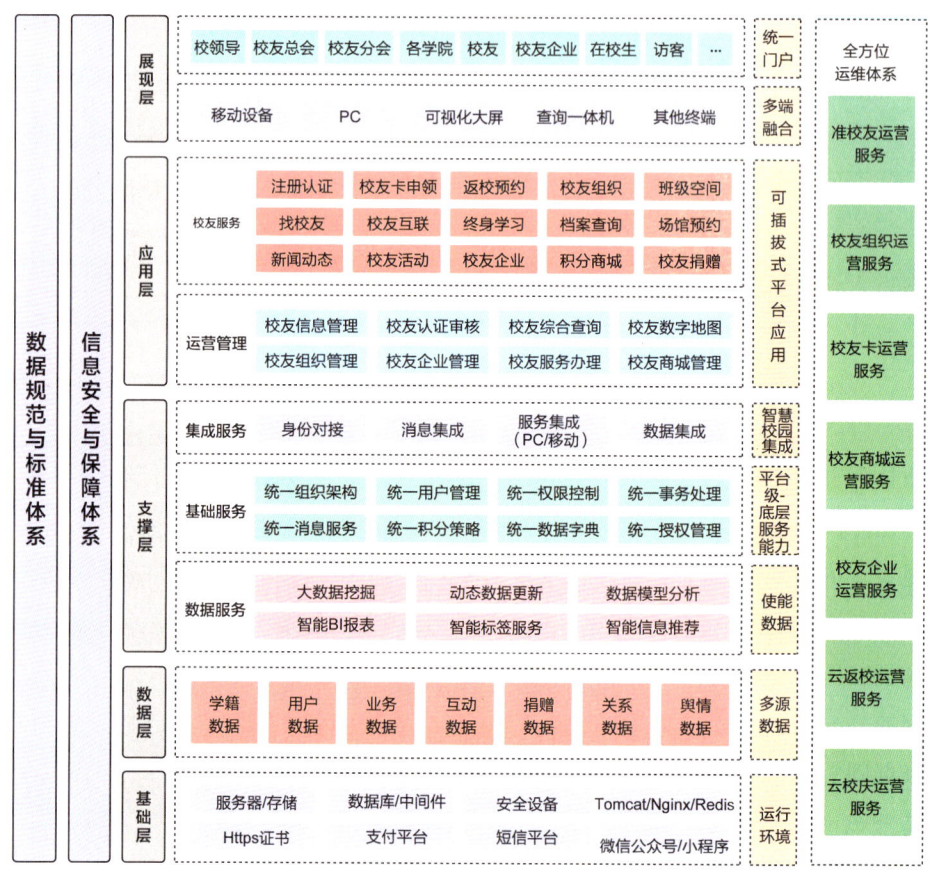

图 8-1　学校校友信息化平台总体设计架构

1. 建设校友工作管理系统，重塑校友信息管理新模式。依托校友海量数据，建立覆盖全球的校友信息数据库。通过整合校友基本信息、职业动态、行业资源等多维度数据，构建了动态更新的校友画像体系。这一系统不仅实现了校友信息的精准检索与分类管理，还为个性化服务提供了数据支撑。通过建立校友工作数据驾驶舱系统，可视化界面实时展示组织架构、校友分布、活动举办、返校人数等数据，辅助校友总会动态调整服务策略。

2. 打造综合服务平台矩阵，实现校友服务全覆盖。推出"武汉理工校友会""校友企业荟""校友驿站"三大小程序，实现校友信息查询、事项办理、活动组织、资源对接等功能"掌上办"，打造校友线上服务平台矩阵。校友可以线上申请"返校预约、校友互联、场馆参观、在线课堂、图书借阅"等服务，增强母校与校友互动紧密性；学校依托三大行业，辐射新兴产业等优势，会集 500 余家优质校友企业，满足校友企业实现线上企业展示、供需对接、成果转化、企业招聘等需求，助力校友企业发展壮大；支持查询 124 家驿站信息，提供便捷预约，支持附近驿站推荐，满足校友各类沟通交流、商务洽谈和文体活动举办需求，为校友提供母校以外的温馨港湾。

3. 创新个性服务场景，从"被动响应"到"主动关怀"。学校利用 AI 分析校友及校友组织相关数据，构建需求预测模型，推出"四维服务体系"：根据校友毕业年级和所处地向注册校友智能推送"同学信息""地方校友组织""校友驿站"，方便校友与校友之间、校友与校友组织之间建立联系；根据校友就业去向信息，向各地校友组织集中推送，便于组织"迎新"工作；根据校友返校信息，分类推送至校内各学院校友分会，提前做好接待、参观等工作；根据校友申请返校需求、各级校友组织年度活动安排、各类校友企业技术和人才需求等数据，智能规划活动方案、合理安排时间，推送科技成果及毕业生信息，创新活动载体，丰富活动内涵。

第四篇

以师为先：
人技结合牵引综合改革

学校以人技结合综合改革为抓手，以人事制度改革为核心突破口，通过数字赋能，实施"定编、定岗、定责、定薪"人事"四定"工作，增强岗位任务和师资选聘的科学性与适配度；精准精细破"五唯"，建立基于综合评价和分类评价的多维人才评价制度，根据教师专长和岗位特点确定差异化、个性化岗位目标任务，实现教师成长发展"一人一策"；依托数据集成实现跨机构、跨部门的人才数据共享，打破信息壁垒，借助精准画像革新评价体系，为职称评定、绩效考核等提供数据支撑，运用数字技术优化人才生态。

第九章　全面推动"四定"改革 激发内生动力

学校以"人事制度牵引的综合改革+教育数字化转型战略行动"的特色模式深化教育评价改革，出台《武汉理工大学"四定"工作管理暂行办法》，按照"科学合理、人岗相适、多劳多得、优劳优酬、责权利统一"的原则，对各单位进行"定编、定岗、定责、定薪"（以下简称"四定"）。构建以岗位职责为基础、以岗位目标任务和实际工作需求为动力、以突出品德和能力为导向、以全过程多维度信息化评估为抓手的教师岗位聘用管理和分类评价新模式，深化"放管服"改革，厘清部门职责，加快职能转变，推进管理重心下移，提高管理效能，激发教职工干事创业的内生动力，从而建设一支与学校卓越教育和现代大学治理体系相适应的高水平教师队伍。学校人事"四定"分析服务系统过程管理考核流程图见图9-1。

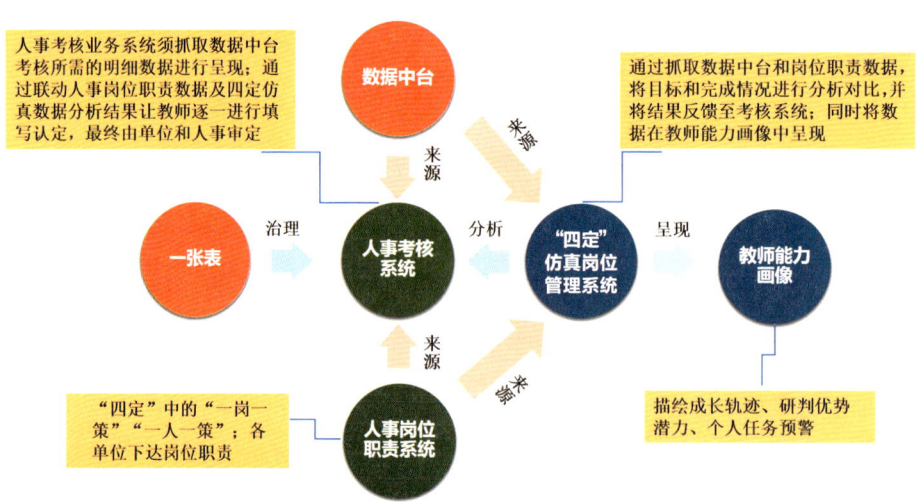

图9-1　学校人事"四定"分析服务系统过程管理考核流程图

第一节　人技结合　让每个教师都出彩

一、人岗相适，畅通职业发展通道

学校按规划控制总量、按类别优化结构、按任务核定编制、按发展动态调整，聚焦学校"十四五"发展规划和"双一流"建设需要，以高质量发展为导向，以推动学科建设和育人成效为出发点，通过搭建大数据分析平台，整合教学科研、师生比、专业设置、课程数量等多维度数据，运用人工智能算法建立动态测算模型，较为精准地核定了各学科、各岗位的编制需求。同时，利用数字化手段加强对各单位编制使用情况的评估，保证教师队伍规模，确保学校教育教学稳定运行。

各二级单位围绕立德树人根本任务，贯彻落实学校综合改革和本单位发展规划任务，科学设置各类各级人员岗位，实现"一单位一策"。各二级单位以发展规划和年度目标任务为基准，明确各类各级岗位的岗位职责和年度目标，落实学校各项重点改革任务和综合改革任务，实现"一岗一策"，对教职工进行岗位分类管理，实现人岗相适、"一人一策"。

"双策"（"一院一策""一人一策"）落地的关键在于构建数据赋能的精准适配机制。针对"一院一策"，开发智能决策支持系统，内置学科发展指数、师资结构健康度、资源配置效能等分析模块，各教学科研单位结合自身实际，制定本单位"四定"工作方案，明确教师岗位类型（以教学为主型、教学科研型、科研为主型三个类别为主，并鼓励创新性设置其他类型岗位）和岗位等级，实现"一院一策"的差异化管理。如理工科学院侧重科研成果转化权重，人文社科学院强化社会服务贡献系数，系统通过机器学习持续优化各类型方案的评估参数，形成动态演进的策略库。

针对"一人一策"，学校研发了人才引进综合评价数字化模型，设置学科匹配度、成果创新性、发展潜力、团队融合度、师德师风5个一级维度（下设21个二级指标），并基于此配置100项动态赋权规则。教师在学校、学院规定的基本岗位职责之外，可结合岗位类型和自身优势，选择岗位任务。通过"一人一策",明晰各类各级岗位教师在教育教学、科学研究、学科建设、育人服务等方面的岗位职责和工作任务,确保年初有计划、年中有落实、年底有总结。

同时,学校进行了职称综合评价改革,构建教师 AI 职称画像,并实现多维度综合评价;畅通各类人员各级岗位晋升通道,健全各级各类人员职业生涯发展路径,最终实现人人有通道、处处有发展的目标。

二、责任到人,实施有组织的教学科研

构建全校"四定"岗位任务完成情况红绿灯大屏、业绩常模监测决策系统及教师能力画像评价系统。提供教师教学科研数据的感知分析服务。学校结合教职工年度和聘期考核,对接数据中台,以"横到边、纵到底"的方式,集成教学科研完成情况,建成了近几年展示数据变化趋势的可视化分析大屏。呈现了学校、学院、教师"三个层面"和教学、科研、社会服务"三个维度"的工作成果数据,实时掌握教职工履职尽责情况。

提供数据驱动下的监测决策服务。在提供学校、学院总体教学科研工作情况的同时,建立了不同学院、不同岗位等级、不同类型教师的业绩常模模型,进行各类群体业绩比较分析。可以实时了解某个时段、某个学院、某类群体、某项工作的业绩情况和对比分析,精准决策,实现"考核到单位,服务到个人"的精准治理。为职能部门政策调整、学院的建设发展提供数据依据和支持。

提供教师综合评价和发展支持服务。学校建成了教师能力画像系统,展现教师师德情况、教学科研发展历程、资源配置情况、职称职级晋升轨迹和优势潜力分析等。通过"能力画像—智能匹配—动态激励"的闭环机制,推动人岗适配从经验决策向精准对接转型。通过整合教学行为数据、科研过程数据、社会服务数据等核心指标,系统自动生成包含能力雷达图与发展潜力曲线的个人数字画像,真正实现"能者有位、劳者多得、优者厚酬"的价值导向。结合智能规划系统生成的个性化发展路径建议,使职业规划从模糊经验判断转向精准数据导航。

提供教职工任务完成过程监管和预警服务。学校建成"数据感知—采

集—分析—预警"数字化转型场景,搭建了基于大数据共享的教职工岗位职责、岗位任务和考核评价联动系统。对"一院一策""一人一策"进行及时评估。把学校教育教学、科学研究的重点任务全面下达到各单位,落实到每位职工的年度任务,实现有组织的教学科研和全过程数据管理。建立了年度任务完成情况的红绿灯评价模型,用该模型及时提醒、提示,加强过程评价,为教职工及时履职尽责提供关口前移服务,确保学校各项工作能够落实落地。

通过"四定"岗位任务系统,分析各级各岗教师教育教学基本岗位职责下达数据。通过全域全过程感知任务的整体下达过程,目前全校整体岗位任务下达率为90.11%,"一人一策"实施率为93.16%。

三、多劳多得,激发干事创业内生动力

学校构建基本岗位绩效、目标业绩绩效、突出贡献绩效相结合的绩效工资体系,精准施策、依岗考核,优化各类人员绩效评价体系。强调基本岗位职责完成,发放基本岗位绩效,体现同工同酬。完成其他岗位任务后发放目标业绩绩效、突出贡献绩效。突出工作实绩,实现多劳多得、优劳优酬,搭建人人出彩的绩效考评平台。

各单位制定目标业绩绩效和突出贡献绩效分配方案,标准先行,突出特色,建立以岗位职责为基础、工作实绩和贡献为依据的绩效考核机制,考核结果与绩效分配挂钩,发挥绩效的激励与约束作用,激发教职工内生动力。

学校持续加强绩效管理体系建设,建立多维呈现、数据驱动的绩效奖励考核驾驶舱,使各单位近三年教学、科研、目标业绩及总绩效等的动态变化趋势呈现出来,明晰绩效发展脉络。全方位、直观呈现绩效数据,助力精准决策和绩效政策的科学调整,助力学校对各单位考核结果和收入分配情况进行管理和评估。

建立薪酬系统,优化流程,一键提升效率,实现年终绩效人员信息核对和各单位绩效分配额度审核的全流程信息化管理,提升管理效能。

学校年终绩效驾驶舱设计布局见图9-2。

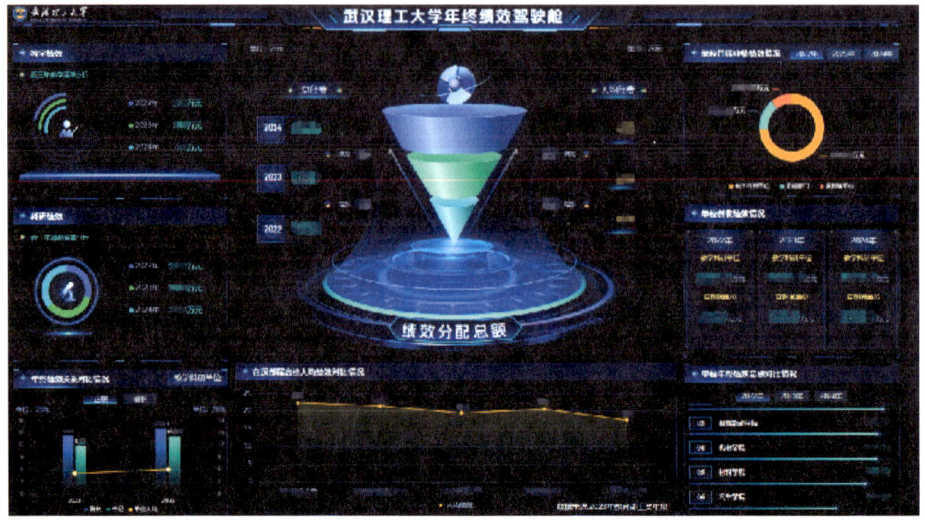

图 9-2　学校年终绩效驾驶舱设计布局

第二节　数字赋能 推动人事管理服务升级

数字化转型升级以数据驱动、智能协同为核心，重塑管理模式的底层逻辑。通过搭建一体化信息平台，打破部门壁垒，实现数据实时共享与流程自动化，将传统线性管理转变为扁平化、网络化的敏捷决策体系；依托大数据分析与人工智能技术，优化资源配置，使管理从经验驱动转向数据驱动，显著提升决策效率与风险防控能力；同时，移动办公、云端协作工具赋能全员参与管理，推动组织从"管控型"向"赋能型"转型，最终达成管理效能、管理成本与创新活力的多维突破。

一、数字化理念推动管理职能转变

高校数字化理念以数字化思维重构管理体系，深度驱动管理职能发生质的转变，推动管理职能从传统行政管控向服务赋能转型。围绕管理制度化、制度流程化、流程信息化，借助智慧理工大等线上平台及业务流程实现线上集成与智能优化，打破部门间信息孤岛，使管理决策从被动响应转为主动预判;通过大数据分析学生、教师学习、科研等需求,精准匹配资源,推动管理职能从标准化服务向个性化支持升级,搭建起师生参与管理的便捷通道,实现管理效率提升、服务质量优化与校园生态协同发展。

学校以推动管理职能转变为目标,围绕制定标准、监管、规划、评估及服务职能,梳理职能部门、直属单位管理服务职责,明晰权责边界,优化管理流程,提高管理效率,降低行政成本,提升服务意识和服务水平,为师生提供更优质、便捷的服务,形成职能部门和直属单位管理服务职责清单汇编。

二、数字化技术推动管理模式变革

中共中央、国务院《深化新时代教育评价改革总体方案》明确提出"改进结果评价,强化过程评价,探索增值评价,健全综合评价",要求运用现代信息技术创新评价工具。

数字赋能教职工评价改革,通过构建覆盖教学行为、科研过程、社会贡献的实时数据采集网络,形成"数据画像—动态反馈—精准改进"的闭环评价生态,这正是落实"破五唯"与"立新标"辩证统一的关键路径。学校以"人技结合"为核心,强化过程评价,采取多项协同举措,实现人才引进全流程科学管理,在人才引进工作中取得显著成效,为学校高质量发展提供强大动力。

进行"人才画像",设计"人才引进评价一览图",通过人才"岗位-职责-任务-考核-分析"信息化联动,精准描绘人才成长轨迹,研判优势潜力,加强过程性考核和管理,改进人才结果评价,强化过程评价,探索增值评价,健全人才综合评价,全面实施数字赋能"红绿灯计划",实现关口前移、过程监督、结果预警;充分尊重学科差异、突出成果质量、聚焦目标产出,创建了以引进单位学科性质、引进紧缺度、个人与岗位匹配度、岗位预期产出、学术背景、既有成果水平、同行评议、教学科研单位考核意见等为主要指标的人才引进综合评价模型,通过科学赋权、数据驱动、迭代优化,最终实现人才评价的实时性、准确性、过程性。建立教学科研单位信用体系,通过大数据监测人才年度、中期、聘期工作完成情况,通过信息化手段提升过程评估的能力,给予人才科研自主权和信任度。

三、数字化水平保障服务效能提升

学校以数据为核心驱动力、以智能技术为支撑，创新构建"全链条、可视化、发展性"的教师评价新体系。通过建立"人技结合"的过程评价机制和"多元分类"的发展评价模式，实现教师考核评价从经验判断向数据支撑、从结果考核向过程引导、从单一标准向多维发展的三大转变，形成"评价—反馈—改进"的良性循环机制。学校搭建基于大数据共享的教职工岗位职责、岗位任务和考核评价联动系统，建成"职称一张表""考核一张表"。"职称一张表"评审系统对接"一张表"平台与数据中台，实现数据抓取全流程信息化，为职称申报人提供数据支撑，减少信息重复填报；"考核一张表"管理系统，联动教职工岗位职责与年度任务，全方面呈现教师岗位管理和考核评价工作，极大地简化了工作流程，减轻了教职工填报负担。

以职称评审为例，职称申报评审系统具备自动抓取教职工基本信息及教学科研成果数据的功能，申报人无须大量手动填报，也无须提交纸质材料。该系统支持职称评审全流程在线上实现，包括单位初审、资格审查、材料展示、业绩审核、学术评议、会议评审投票等全流程。此外，系统还进行多维数字化评估分析，从教学、科研、社会服务等16个维度建立参评人员业绩常模，并与单位去年常模、当年学科常模、当年学部常模、当年同级常模进行对比，以此评估职称评聘工作质量和教师队伍建设发展趋势。同时，通过与本学部、本学科推荐人选常模比较，从19个维度评估上会人员业绩水平。这些数字化举措极大地提升了职称评审的申报便捷性，加强了评审的规范性和时效性，有力推动职称评审提质增效。教师职称评审学科画像见图9-3。

学校坚持以人为本，数字赋能服务师生以"智能+服务"为核心，通过搭建智慧校园平台实现服务流程再造。构建"一站式"服务大厅，通过大数据分析精准匹配师生需求。学校"一网通办"整合学校各业务部门分散的服务系统和业务流程，共接入业务系统305个，建设业务流程240个。目前，该平台累计登录已超1亿人次，平均每日登录三万五千余人次。在人工智能浪潮席卷全球教育领域的大环境下，推动学校服务师生平台从"一网通办"向"一网智办"转变，实现提质增效。聚焦师生高频服务场景，构

第四篇 以师为先：人技结合牵引综合改革

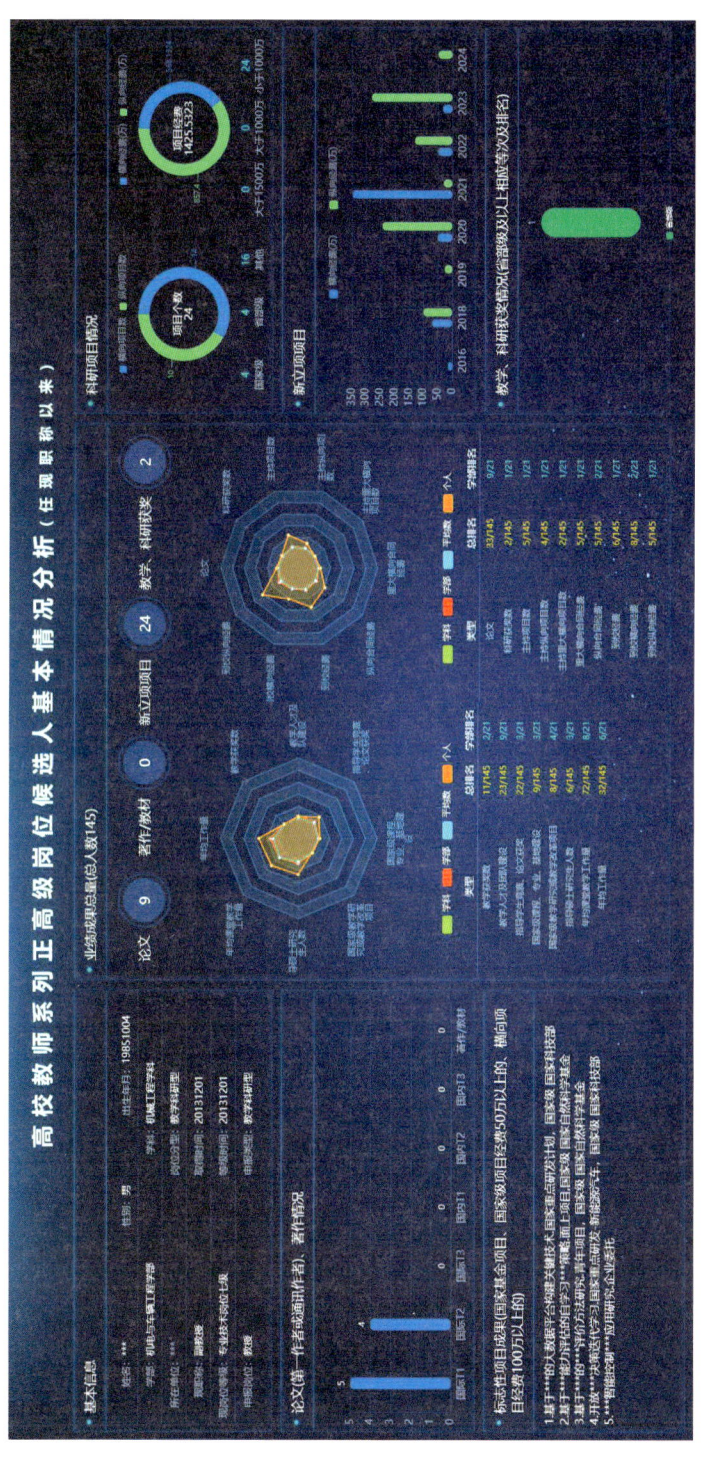

图 9-3 教师职称评审学科画像

建"AI+数据+流程"融合的智能服务中枢,实现服务精准触达与智能办理。运用集成自然语言处理、机器学习等技术,将全校 300 个业务系统以及 240 项服务事项进行语义解析,构建系统服务知识图谱,覆盖教学、科研、生活等九大领域,实现我校服务的智能化、个性化和主动化。在自动处理常规业务的基础上,还能根据师生的历史行为和偏好,提前预判需求,提供精准的服务推荐。

学校智能运行中心(IOC)开通 4 部师生服务热线,采取工作时间人工接听、非工作时间语音留言的服务模式,一站式处理师生学习、工作、生活等各类问题,并收集投诉与建议。热线以"问题驱动"(即以诉求为导向)为核心,深化数据要素的价值挖掘:通过结构化分析服务过程中的师生诉求,将其提炼为管理决策的核心资源,并结合多维数据分析精准识别服务短板与管理痛点,为优化流程、完善制度及提升治理效能提供数据支撑。

第三节 数据赋能四个聚焦 提升教师党建和思想政治工作质量

在教育数字化和学校全面深化体制机制改革的大背景下,党委教师工作部积极统筹资源,将数字化作为教师党建和思政工作的重要引擎,以"党建引领、数据驱动、协同共享、提质增效"筑牢教师党建思政工作共同体意识和质量意识,通过数据集成、流程再造、监管评估、精准施策,推进党组织三级联动工作机制规范运行,推进师德固本工程"八个一"行动执行到位,推进教师教育、宣传、考核、监督、激励和惩处及时协同。数字赋能教师党建和思政工作主要聚焦克服工作中的短板。

一、聚焦"融"字,完善工作机制

推进多元主体协同融合,构建大教师工作格局。学校建立了由党委教师工作委员会统筹,信息化办、教师工作部、组织部、宣传部、人事处等部门共同参与的信息化工作格局。推进构建"统一服务平台、部门协作处理、数据自动传递、消息无缝集成"的数据中台。各部门加强数字资源协同共享，做到"一数一源、多元校核、一次采集、多方使用"。

推进多元渠道理论武装融合，筑牢教师思想根基。建立党建平台、党委理论学习中心组学习和教职工理论学习模块，精心设计学习内容，发布学习情况和工作提示，定期对教职工的理论学习情况进行动态分析，对理论学习情况不佳的二级单位和教职工及时进行干预，安排专人到相关单位巡听旁听，确保理论学习规范有序、精准有效。

推进党建与多维业务融合，保障"一融双高"["产教融合"与"高质量人才培养、高水平专业（学科）建设"]落到实处。对接数据中台学校发展规划和重点任务，聚焦关键指标，推动党建引领学校事业发展目标可实时分析评价，推动党建引领事业发展落地落细落实。

二、聚焦"实"字，压实工作主体责任

切实加强顶层设计。学校党委统筹制定"党委抓课堂"工程和"卓越人才队伍建设计划""师德强基计划"，建设人才信息平台，为教师成长发展及育才育人关键环节把脉定向。

稳步推进中间环节。搭建议事规则纪实平台，实时把握党群部门、二级单位召开党委会、党政联席会议情况；同时，对议题内容、"三重一大"情况等进行分析研判。对召开频次不够等问题及时预警提醒，通过线下督导等方式进行检查和干预，确保中间环节统筹落实有力。

高效畅通最后一公里。建立师德工作指数，为师德固本工程"八个一行动"提供数字化条件保障，全面掌握涉师德师风事件（线索）情况、师德学习教育情况、示范项目建设情况等，及时推介展示师德建设的好举措，推广运用优秀工作方法，巩固深化师德建设工作成果。

学校教师工作部、组织部、宣传部等部门积极参与教育部《普通高等学校教师党建和思想政治工作质量标准（试行）》（以下简称《质量标准》）研制和试运行，制定涵盖19个部门的任务清单，明确牵头部门和具体任务。2023年，学校高质量报送教师党建与思政工作127项工作数据和400余项材料，在全国试点高校排名靠前。2024年3月，学校作为全国7所标杆高校之一，

在全国教育系统《质量标准》专题培训会上作典型经验交流。

三、聚焦"细"字，细分群体强化政治把关

细化人才政治引领、政治把关和政治吸纳实操。建立"教学科研单位党委（党总支）初审—职能部门复审—党委组织部复核—学校党委审定"四级把关机制，从思想政治、师德师风、学术诚信、廉洁自律、工作表现、意识形态等六个维度进行审核把关，实现人才引进政治把关全流程信息化。

细分群体开展教师党建与思政工作。分众化实施教学科研骨干（青年教师、研究生导师）、关键引领群体（高层次人才、思政课教师）及统战对象（党外人士）的思想政治教育与师德素养提升计划。通过院长驾驶舱的动态数据监测，构建"需求识别—精准干预—效果反馈"闭环：一方面实现谈心谈话常态化，另一方面确保联系服务具体化。

细抓党员骨干教师的作用发挥。以"传帮带""结对子"培育跟踪和三级联创、支部共建一屏统览，推进优秀党员教师示范引领作用发挥和"筑梦铸魂"育人育才实践落地落细落实。

四、聚焦"评"字，形成多维立体数字化评价方案

科学设计评价方案。党委教师工作委员会为教师党建与思政工作树高线、划红线，从指标规范、程序方法、组织保障等维度统筹做好数字评价设计与使用工作。

多维立体实施评价。职能部门综合运用个人自评、组织或单位互评、定量测评与定性评价等，推进教师党建和思想政治工作数字化管理与评价。

建立教师画像系统。建立教师画像系统，对教师及管理干部进行多元性、综合性、增值性评价，做到第一时间预警沟通、及时公示通报。

第十章　能力为重　提升全员数字素养

学校将提升教职工数字素养和能力纳入学校整体发展战略，通过构建系统化培训体系和激励机制推动教职工主动适应数字化转型。学校成立由校领导牵头的数字素养提升专项工作组，统筹制定中长期发展规划，将数字技术应用纳入教师考核评价体系，并在职称评定、岗位晋升等环节设置数字化教学与科研能力指标。为强化学习效果，定期举办数字工具应用研修班，邀请行业专家开展前沿技术讲座，建立线上学习资源库，覆盖人工智能、大数据分析、教育技术等领域课程 200 余门，同时设立专项经费对教师自主研发数字化教学方案给予奖励。助力全员在持续应用中突破数字能力瓶颈，实现数字素养的全面提升，从而更好地适应数字时代高校发展需求。

第一节　提升全员数字素养与能力

学校聚焦于全员数字能力提升，不断提升领导干部数字化领导力；围绕"AI+教育"，开展数字素养与数字能力提升培训百余场。强化数智化教学理念，推动信息技术与教育教学的深度融合。近 3 年分级分类开展教师培训与交流活动，开展场次和覆盖人数都有较大幅度的提升。AI 素养测评体系见图 10-1。

一、提升领导干部数字化领导力

学校基于数字素养的全面提升考量，聚焦教育领导者数字化领导力，引导教育领导者从战略高度认识数字化转型的意义。统筹抓好系统培训和领导力培训，不断提升学校各级领导干部认知能力和执行能力。面向全校师生开展数字素养测评，全面衡量师生的数字素养水平和素养提升需求，为转型做

素质名称	评价维度	维度释义	评价等级
AI素养	AI认知与理解	考查应聘人员对人工智能的基本概念、发展趋势及其在高等教育中的应用场景的理解	优：能够清晰阐述AI的基本概念、核心技术，并能结合高等教育场景提出AI的应用案例 中：了解AI的基本概念，但对其技术细节和应用场景的理解较为模糊 差：对AI缺乏基本认知，无法描述其核心概念或应用场景
	AI工具应用能力	考查应聘人员在实际工作中使用AI工具解决问题的能力和经验	优：熟练使用至少一种AI工具（如deepseek、ChatGPT、数据分析工具等），并能结合实际工作场景展示其应用成果 中：了解部分AI工具，但使用频率较低，或仅能完成简单任务 差：从未使用过AI工具，或仅停留在听说但未实际操作的阶段
	AI学习与创新能力	考查应聘人员对新AI技术的学习意愿及能力，以及将AI技术应用于工作创新的潜力	优：能够快速学习并掌握新的AI工具或技术，并能结合工作需求提出创新性应用方案 中：能够学习新的AI工具，但缺乏将其应用于实际工作的创新思路 差：对学习新AI技术缺乏兴趣或能力，无法提出任何创新性应用
	AI伦理与社会责任	考查应聘人员对AI技术应用中涉及的伦理问题（如隐私保护、算法偏见等）的理解，以及如何在工作中践行社会责任	优：能够清晰阐述AI伦理问题的核心挑战（如数据隐私、算法公平性等），并提出具体的解决方案或规避措施 中：了解AI伦理问题的基本概念，但缺乏深入的思考或解决方案 差：对AI伦理问题缺乏认知，无法提出任何相关观点或建议

图 10-1　AI 素养测评体系

足准备。关口前移开展人才招聘中的数字素养考核，并将其作为其中的重要环节。开展全体中层干部培训，聚焦干部数字化领导力，以"深入贯彻数字化战略行动　加快推动学校数字化转型"为题作辅导报告；以"凝心聚力抢占教育数字化新赛道"为题，系统介绍了学校数字化工作的核心理念；举办"数字素养和 AI 能力提升"综合管理专题培训会，全面提升教职工的数字素养与 AI 应用能力，探索构建更多基于"人工智能+"的教学管理服务场景，为学校教育数字化转型注入新动能。

二、提升教职工的数字化应用力

在推进数字化能力向实践转化的过程中，学校构建了"场景驱动+项目孵化"的培养模式，依托国家级虚拟仿真实验教学中心、"车路云一体化"未来学习中心开展沉浸式培训。通过建立智慧教室示范区和教学数据分析平台，引导教师将数字技术深度融入课堂教学设计。针对不同学科特点，开发了工程类 VR 实训系统、经管类大数据决策沙盘等专业工具包，并组建由教育技术专家、学科带头人构成的支持团队，通过"一对一"指导帮助教师跨越技术应用门槛。为保障实施效果，建立数字化教学能力动态评估系统，通过课堂行为分析、学生满意度调查等多维度数据跟踪教师成长轨迹。图 10-2 所示为 AI 技能测评框架。

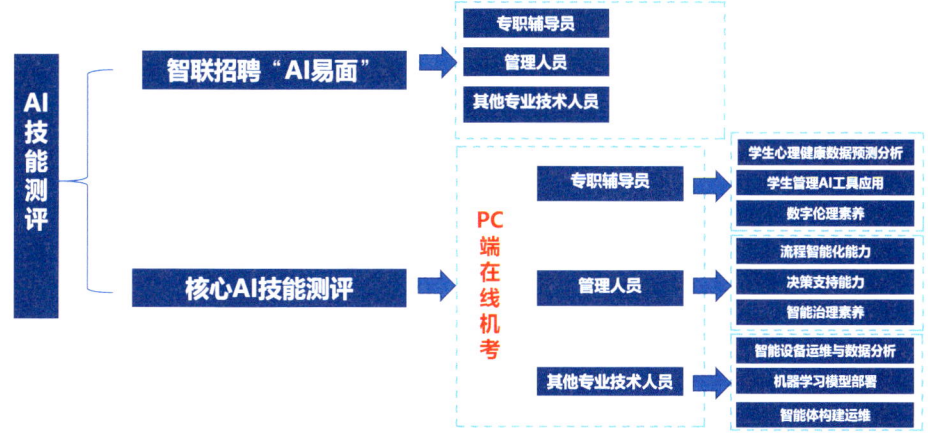

图 10-2　AI 技能测评框架

三、构建人机协同人技结合新生态

学校着力构建智能技术与人文教育融合发展的新生态，通过建立跨学科数字教研团队制度，促进不同学院与各专业院系结对共建，近三年联合开发智能备课系统、学业预警模型等创新工具多项。为保障技术应用的规范性，定期开展数字技术伦理审查，确保人工智能辅助教学始终服务于立德树人根本目标。

第二节　数字适应力提升的具体举措

学校系统性构建从能力培养到实践转化的支撑体系，通过分层分类的培训体系夯实基础技能，依托数据治理体系优化资源效能，并配套数字技能认证与动态评估系统，形成"学—用—评"闭环生态，多维度协同发力，为数字化转型提供可持续的人才保障与创新动能。

一、引进入口：构建科学的数字素养招聘标准

严格招聘考核标准。在招聘环节增设数字技能评估，将数字化工具使用能力（如数据分析、在线教学平台操作）纳入笔试和面试考核，引入 AI 辅助

面试等环节，确保新进人员具备基础数字素养。

在招聘过程中，学校创新考核方式，将数字素养考核融入各个环节。除传统的笔试和面试外，还专门设置了数字技能实操考核环节。以教师岗位招聘为例，在实操考核中，要求应聘者现场利用给定的教学资源，通过在线教学平台设计一个完整的教学单元，包括创建课程页面、上传教学资料、设置互动环节等，并进行模拟教学演示。对于管理岗位应聘者，学校会给出具体的工作场景任务，如使用学校的数字化管理系统完成一次部门活动的申请与审批流程，同时要求应聘者对系统中的数据进行整理和分析，生成相关报告。此外，学校还引入了情景模拟测试，通过模拟数字化办公场景中的突发问题，如系统故障时如何快速恢复数据、如何应对网络安全威胁等，考查应聘者的应急处理能力和数字素养水平。通过这些多样化的考核方式，全面、准确地评估新进人员的数字素养，确保招聘到真正符合学校发展需求的人才。

二、岗前培训：强化数字能力培养，提高工作适应力

学校建立数字素养培训前置机制，开设"数字素养基础课程"，涵盖智慧教学工具、科研数据库使用、网络安全等内容。根据岗位需求（教学、科研、管理）定制培训内容，如教师侧重智慧教学能力，行政人员侧重数字化办公技能。

对于那些在招聘考核中数字素养稍有欠缺，但其他方面表现优秀的拟录用人员，学校建立了数字素养培训前置机制。在正式入职前，安排专业的培训团队为他们开展数字素养强化培训。培训内容根据岗位需求定制，涵盖基础数字技能培训，如计算机操作基础、办公软件高级应用；专业数字技能培训，如教学岗位的虚拟仿真教学技术、科研岗位的大数据分析方法、管理岗位的智能决策系统应用等。培训结束后，对应聘者进行严格考核，只有考核合格的人员才能正式入职。这种培训前置机制既能为学校选拔更合适的人才，也能帮助新进人员快速提升数字素养，更好地适应岗位工作要求，为学校的数字化建设奠定良好的人才基础。

三、日常培育：数字感知培育促进业务发展

（一）数字素养感知：采用多样化测评方式

学校采用线上与线下相结合、定量与定性相结合的多样化测评方式开展教师数字素养测评工作。线上测评主要通过学校自主开发的数字素养测评平台进行。教师登录平台后，完成一系列基于测评指标体系设计的测试题目，包括选择题、操作题、案例分析题等。例如，在操作题部分，要求教师使用特定的教学软件完成一个教学课件，并上传至平台进行评分。线下测评则包括课堂教学观察、教学案例分析、科研成果评审等环节。组织专家团队深入课堂，观察教师在实际教学过程中数字技术的应用情况；收集教师的教学案例，分析其数字教学能力；对教师的科研项目和成果进行评估，了解其在科研工作中数字技术的运用水平。此外，学校还引入了教师自评、学生评价和同行互评等多主体评价方式，从不同角度全面了解教师的数字素养水平。通过多种测评方式的综合运用，确保测评结果真实、客观、全面地反映教师的数字素养水平。

以学校2024年数字素养测评为例，教学科研岗教师数字素养发展水平的综合得分为64.21分，其中数字化意识维度的得分为64.89分，数字技术知识与技能维度的得分为54.58分，数字化应用维度的得分为69.43分，数字社会责任维度的得分为75.96分，专业发展维度的得分为54.96分。从教师数字素养的五大维度来看，在数字社会责任维度表现相对较好，数字化意识维度和数字化应用维度得分均高于平均水平，但在数字技术知识与技能和专业发展两个维度表现还有待提升。

非教学科研岗教师数字素养发展水平的综合得分为75.81分，其中数字化意识维度的得分为74.77分，数字技术知识与技能维度的得分为65.30分，数字化应用维度的得分为83.67分，数字社会责任维度的得分为88.09分，专业发展维度的得分为64.56分。从教师数字素养的五大维度来看，在数字化应用维度和数字社会责任维度表现较好，数字化意识维度表现相对良好，但在数字技术知识与技能和专业发展两个维度的表现还有待提升。

（二）数字素养培育：创新培训模式与方法

学校专门制订了全校教职工 AI 素养提升培训方案，协同各职能部门、二级单位统筹推进培训工作，落实教职工 AI 素养提升培训全覆盖。

1. AI 基础认知培训

进行线上 AI 通识课程学习，涵盖 AI 的发展历程、基本概念、主要技术以及在教育、科研、管理等领域的应用概述、法制道德规范和数字安全意识，共计 40 个学时。

2. 开设 AI 应用培训工作坊

邀请人工智能领域知名专家学者围绕教学、科研、管理开展应用培训，了解 AI 领域的前沿动态、创新应用案例等。本科教学方面包括 AI+课程教学设计、实践教学创新环节、教学工具开发等，研究生教学方面包括 AI+课程设计、教学评价、虚拟仿真等，科研方面包括 AI+数据分析、实验模拟、学科交叉研究等，管理服务方面包括 AI+管理方式创新、服务能力优化等。

3. 校内 AI 服务师生专题培训

组织校内职能部门、二级单位相关负责人等进行本单位 AI 服务师生基本情况介绍，录制授课视频，全校教职工依托线上学习平台集中学习。

4. 校内外 AI 技术应用参观

学校二级单位组织教职工预约前往学校数字化体验与服务中心参观学习，组织教职工代表赴国内人工智能发展领先的高校、科研机构和企业进行参观学习，通过现场观摩、案例研讨、座谈交流等形式，深入了解 AI 技术在教育、科研和管理中的创新应用。

学校将数字素养纳入试用期考核，要求新进教师至少完成一门线上课程建设或参与数字化科研项目。设立"数字化教学创新奖"，表彰在智慧课堂、虚拟仿真实验等方面表现突出的青年教师。

第三节　数字"画像"体系个性化激发内生动力

学校立足国家教育数字化战略行动要求，以"全景式、多维度、发展性"为核心理念，率先构建覆盖教师、干部的多维度"画像"评价体系。运用大数据、人工智能等技术，通过动态采集教学科研、管理服务等多源数据，构建立体化、可追溯的个体与群体特征模型。该体系既为精准决策提供科学依据，也为教育主体的个性化发展注入数字化动能，助推高校治理向"数智驱动、循证改进"的深层次转型。

一、教师画像推动多维评价

学校针对传统教师评价体系中存在的"五唯"倾向、评价维度单一、数据支撑不足等问题，创新性地开展了教师数字画像系统建设工作。教师能力画像以教师的岗位职责为基础、以岗位目标任务和实际工作需求为推动、以突出工作实绩为导向，依托学校大数据平台，推动基于德、能、勤、绩多维度精准评价，构建教师能力画像系统，以个性化画像推动教师评价的精准化。为教师展现个人教育教学、科学研究、资源配置、荣誉考核等基本情况，并进行职称职级晋升轨迹和优势潜力分析，通过任务总量、雷达图对比、工作趋势等进行多维度的综合评价，形成分析结果。通过建设教师画像系统，学校实现了教师评价的精准化，为教育高质量发展注入了强劲动力。

1. 立足需求，构建画像系统

教师能力画像系统的搭建，以教师岗位职责为根基，将岗位目标任务与实际工作需求作为核心驱动力，秉持突出工作实绩的鲜明导向。学校依托功能强大的数据中台，深度整合校内各类数据资源，涵盖教学管理系统、科研管理系统、人事管理系统等多源数据，构建起基于德、能、勤、绩的多维度精准评价体系。

在"德"的维度上，系统全面收集教师的师德师风表现，包括日常教学中的师生互动、学术道德遵守情况、师德考核、参与师德培训及相关活动记录等；在"能"的维度上聚焦教师的专业素养与教学科研能力，涵盖学历学位、专业技术职称、教学质量、科研项目申报与成果转化等信息；在"勤"的维度上则通过考勤记录、教学任务承担量、学术活动参与度等数据进行量化评估；在"绩"的维度上着重考量教师在教学、科研、育人等方面取得的实际成效，如指导学生情况、论文发表、专利申请、社会服务项目成果等。通过对这些多维度数据的深度挖掘与分析，学校构建起完善的教师能力画像系统，为教师评价提供了坚实的数据支撑。

2. 丰富功能，助力全面发展

教师画像系统不仅是一个评价工具，更是教师自我认知与发展的重要助手。它为教师全方位展现个人教育教学、科学研究、资源配置、荣誉考核等基本情况。在教育教学方面，教师可以清晰地看到自己的课程教学质量评价、学生评教结果、教学获奖情况等；科学研究板块则呈现科研项目申报及经费情况、论文发表与引用数据、科研成果获奖信息等；资源配置部分展示教师可获取的教学科研资源，如教学实验用房、资产设备与科研启动经费情况等；荣誉考核模块汇总教师所获得的各类荣誉称号、奖励表彰等。

系统还特别注重对教师职称职级晋升轨迹的呈现，通过可视化的方式展示教师从入职到当前阶段的晋升历程，以及未来晋升所需满足的条件和标准。同时，运用先进的数据分析算法，对教师的优势潜力进行深入分析，为教师提供个性化的发展建议。

此外，系统通过任务总量统计、雷达图对比、工作趋势分析等多种方式，对教师近 3 年的表现进行多维度的综合评价，并形成详细的分析结果。任务总量统计直观呈现教师承担的教学、科研、社会服务等各项任务的数量与占比；雷达图对比将教师在德、能、勤、绩等维度的表现与学校、学院同类型教师进行横向比较，帮助教师清晰定位自身优势与不足；为教师制定个人发展规划提供参考。系统还会根据下达任务的时间节点，给老师们推送完成情况"红绿灯"提醒预警，让教师时刻清楚自己的工作现状，确保各项任务按时完成。

3. 建立模型，实现精准治理

为进一步提升教师评价的科学性与公正性，学校建立了不同学院、不同岗位等级、不同类型教师的业绩常模模型。这些模型基于大量历史数据和专业特点，通过数据挖掘与机器学习算法构建而成，能够准确反映不同群体教师的业绩水平与发展特点。针对理工科教师和文科教师的不同工作性质与评价标准，系统会分别建立相应的业绩常模模型；对于教授、副教授、讲师等不同岗位等级的教师，也制定了差异化的评价指标体系。

通过业绩常模模型，学校可以对各类群体教师的业绩进行比较分析，发现不同群体之间的差异与共性，为学校制定科学合理的教师发展政策提供依据。同时，系统实现了"考核到单位，服务到个人"的精准治理模式。在考核层面，学校可以通过教师画像系统对各学院的教师整体业绩进行评估，了解学院在教师队伍建设、教学科研等方面的工作成效；在管理层面，能够实时掌握每一位教师的工作动态与发展情况，及时发现问题并采取针对性措施。这种精准治理模式有效提高了学校的管理效率与决策科学性，推动学校的各项工作朝着高质量方向发展。

4. 系统应用，激发内生动力

教师画像系统的建设与应用，取得了多方面的显著成效。从教师个人层面来看，通过系统提供的精准评价与个性化发展建议，教师能够更加清晰地认识自己的优势与不足，明确个人发展方向，有针对性地制订提升计划，有效激发了教师的内生动力，督促教师更加积极主动地参与教学改革、科研创新和社会服务活动，让教师们在提升自身专业能力的同时，也为学校的发展作出更大贡献。

从学院和学校层面来看，教师画像系统为学院和学校的管理决策提供了有力支持。学院可以根据教师画像系统的分析结果，合理配置教学科研资源，制定个性化的教师培养方案，促进教师队伍的整体发展；学校则能够通过对全校教师数据的综合分析，把握教师队伍建设的整体态势，优化学校的发展战略与政策，推动学校在教学、科研、社会服务等方面实现协同发展。

此外，教师画像系统的应用还在学校内部营造了良好的竞争与合作氛围。通过雷达图对比等功能，教师之间可以相互学习、相互借鉴，形成比学赶超的良好局面；同时，系统也为教师之间的合作提供了数据支持，方便教师根据自身优势与需求，寻找合适的合作伙伴，共同开展教学科研项目，实现资源共享与优势互补。

二、干部画像激发改革动力

学校以数字赋能干部队伍建设,支撑建立干部多维监督管理和系统考核评价体系,实现激励与约束并重,凝聚干部干事创业的精气神,激发学校改革发展的新动能。

1. 围绕"画什么"开展数据治理

建立数据标准。结合高校干部的实际情况,将干部数据归纳为十大数据集,包括定性与定量、静态与动态、显性与隐性数据,构建全方位、立体化的干部数据库,为实施"干部画像"打下坚实的数据基础。

拓展数据来源。在维护好组织部门数据的基础上,通过数据中台对接校内协同共享数据、干部个人数据,形成"组织-部门-个人"协同的局面。

2. 围绕"怎么画"实施流程再造

优化干部民主测评流程。优化测评指标逻辑关系,通过系统预设的约束规则,避免测评失真失实。师生实现线上实时浏览工作总结,提升了工作的科学性。

优化干部考察谈话流程。对干部考察谈话工作流程、谈话提纲进行修订,提升谈话针对性,突出考核重点,引导谈话对象以具体事例为证,考人与考事相结合。

优化数据协同共享流程。打通数据壁垒、建立映射关系,将学校规划目标任务完成情况、重点工作推进情况与干部岗位职责联系匹配,促进干部履职尽责,推动事业发展。

3. 围绕"画得怎么样"深化数据赋能

把政治素质摆在首位。将政治素质评价结果纳入"干部画像"数据维度,制定政治素质考核评价指标体系,明确高校干部政治素质的评判标准。

把工作业绩考准考实。对照岗位目标任务,将干部对照岗位目标任务完成的突出工作业绩纳入民主测评体系,实现以岗位目标为牵引的干部工作业绩"一人一策"的"定向评价",做到了干部"干了什么""干得怎么样"由师生群众来评判。

让分析研判全面客观。通过分析干部在教学科研、人才培养、管理工作等方面数据，全方位展示干部总体画像。通过"雷达图"直观展现综合表现，在同类干部横向对比的过程中精准识别个体的优点与不足。

让干部特点立体生动。研究确定干部特征标签库并纳入民主测评指标体系，通过考察谈话、分析研判形成与干部特征标签对应的事例库，以生动具体的事例让干部特征更加生动形象、有说服力，避免千人一面。

"干部画像"探索实践中，总结凝练"定性与定量、考人与考事、目标牵引与定向评价、过程考核与结果印证、工作继承与实践创新"相结合的工作理念，已应用于学校干部试用期满考核和年度考核工作中，初步实现干部工作系统汇报、数据说话，为学校党委科学精准识人选人用人提供了决策辅助。

第五篇

机制保障：
数字化转型的生态体系

  教育数字化发展的每一步，都要需人、财、物、制度等各类保障协同发力。推进教育数字化纵深发展，需要构建更高要求、更高标准、更高质量的保障机制。学校坚持党建引领，紧密围绕制度、组织、人、财、物等多个维度不断完善保障体系，确保教育数字化在快车道上行稳致远和持续发展。

第十一章 系统构建数字化转型的保障机制

在全面推进教育数字化转型的战略进程中,学校创新构建了"制度保障-党建引领-财力支撑"三位一体的可持续发展保障体系,为学校数字化转型提供了系统性、全方位的保障机制,依托机制创新释放发展活力,形成多元投入、绩效导向的可持续发展模式,推动形成全员参与、协同推进的数字化转型新格局。

第一节 数字化转型的制度保障

流程管事、制度管人,制度建设是根本。学校在转型初期就强化体制机制和标准制度建设,稳步推进管理制度化、制度流程化和流程信息化"三化"理念落地,切实让数字化转型工作有据可依、有章可循。

一、加强制度统筹规划

为推进学校治理体系和治理能力现代化,加快形成以章程为核心,规范统一、分类科学、层次清晰、运行高效的学校规章制度体系,学校层面出台《规章制度管理规定》,明确规章制度制定应遵循的基本原则、规章制度的层级与权限,对规章制度的立项、起草、审核、决定与公布、修订与废止等进行统一规范,对规章制度的宣贯执行、监督评估与责任追究作出明确要求。学校所有规章制度都应依据《武汉理工大学章程》制定,各层级、各类别规章制度应相互协调、配套齐全、体系完整。学校规章制度建设实行申请立项和计划统筹相结合的立项工作机制。党政办公室(依法治校办公室)具体负责学校年度规章制度建设统筹立项工作,强化制度建设与推进改革衔接统一,提高制度体系水平和制度建设质量。各职能部门、直属单位根据学校制度体系架构和实际工作需要，一般于每年年初，向依法治校办公室提交本年度本部门职责范围内的制度制定、修订、废止的立项申请，立项申请需经分管校领导同意后报送。立项申请主要对制度制定、修订、废止的必要性以及所要解决的主要问题、依据、审议程序、时间进度安排等作出说明。列入年度立项计划的规章制度的制定应当在拟完成时间内完成。为规范学校规章制度起草工作，提高建章立制的质量和效率，学校还专门制定了《规章制度起草技术规范》。

二、制定系列标准制度

在学校制度体系和技术规范的引领下，学校数字化工作管理部门紧密围绕项目、平台、数据等要素制定《武汉理工大学信息化项目管理办法（试行）》《武汉理工大学数据资源管理办法（试行）》《武汉理工大学教育数字化体验与服务中心管理办法（暂行）》等十余项制度标准，建立涵盖项目立项、数据治理、网络安全的全生命周期管理体系。武汉理工大学数字化工作制度统计表见表11-1。

表11-1　武汉理工大学数字化工作制度统计表

序号	功能定位	信息化标准制度名称
1	顶层设计	《武汉理工大学教育数字化战略行动实施纲要（2022—2025）》
2	管好过程	《武汉理工大学AI校长助理运行管理暂行办法》
3		《武汉理工大学服务事项建设管理办法（暂行）》
4		《武汉理工大学人工智能技术应用管理办法（试行）》
5	管好项目	《武汉理工大学信息化项目管理办法（试行）》
6	管好人员	《武汉理工大学人员统一编码管理办法（试行）》
7	管好平台	《武汉理工大学教育数字化体验与服务中心管理办法（暂行）》
8		《武汉理工大学数据中台运行管理细则（试行）》
9		《武汉理工大学数据驾驶舱管理办法（试行）》
10		《武汉理工大学平台软件建设管理办法（试行）》

续表 11-1

序号	功能定位	信息化标准制度名称
11	管好网络	《武汉理工大学校园网络设施建设管理办法（试行）》
12	管好数据	《武汉理工大学数据标准管理办法（试行）》
13		《武汉理工大学数据资源管理办法（试行）》
14	管好安全	《武汉理工大学数据安全管理办法（试行）》
15		《武汉理工大学网络与信息安全管理办法（试行）》
16		《武汉理工大学网络与信息安全事件应急管理办法》
17	管好设备	《武汉理工大学信息化自助终端设备管理办法（试行）》

在抓好制度建设的同时，学校还注重总结实践经验，稳步推进标准体系建设，在数字化项目管理过程中探索建立分类分级的行业服务质量标准。基于数据驾驶舱实践经验，学校总结凝练指标体系，编制发布《武汉理工大学处长、院长数据驾驶舱建设标准》，同时也加紧推进行业标准和国家标准建设。实践证明，学校数据驾驶舱的指标体系、技术方案及 UI 设计等创新实践在全国范围内具有引领示范作用。

三、优化规章制度库建设

学校持续推进校、院两级规章制度数据库建设，以"业务数字化"强化支撑赋能，增强制度体系建设精准性，增强学校规章制度公开工作的及时性、系统性和便捷性，推动数字治理与制度治理的深度融合。强化规章制度库二级单位规章制度和制度宣贯功能模块，做实制度宣贯解释，强化制度宣贯执行。

学校还基于规则制度库重塑制度建设工作流程，将原来的 5 项环节增加至 8 项，增加立项、部门审议等环节，规范规章制度各项工作程序，形成"制度管理、制度建设、制度评估、结果运用"全流程闭环管理。在制度审核方面实施前置审核线上办理，通过办公自动化系统推行规章制度合法合规线上审签，实现制度流程信息化，确保制度出台前充分完成合法性、规范性和廉洁性等前置审核程序。

学校还组织开展规章制度评估、考核，加强法治工作在党政管理中的考核力度，大力推进法治工作进规划、进计划、进考核。面向各二级单位开展内部规章制度梳理和完善工作，聘请法治领域的专家对学校规章制度体系进行全面评估，特别是对二级单位规章制度开展第三方评价，并给予有针对性的反馈。

第二节　党建业务融合的保障机制

学校遵照"党政同抓、双轮驱动、一体推进"转型理念，一方面稳步推进教务、科研等行政业务部门由转换向转型跃升迈进；另一方面集中力量，整合资源，强力推动党群部门数字平台强基固本。围绕"党建引领·数字赋能"召开专题会议，一体化推动党群部门的数字赋能工作，建立学校大数据舆情监控、智慧学工、智慧纪检等平台系统，数据驱动学校党建和思想政治工作守正创新。在教学科研单位"院长驾驶舱"中专门开设"党建思政"专栏，一屏统览党员、党支部、组织生活等全域数据，数字赋能基层党建不再凭经验、靠感觉。

一、建设"智慧纪检"系统

1. "智慧纪检"总体建设情况

学校纪委基于数字化转型标杆大学建设基础，坚持战略导向、目标导向和问题导向，系统谋划并积极探索数字赋能精准监督，按照"1+6+N"三个层次，全面打造"智慧纪检"大数据监督平台。

第一层次是集成纪检监察和巡察各项核心业务工作的驾驶舱主屏1个，以九宫格形式集中呈现纪委核心职能职责的整体履行情况，重点设置"监督工作指数"并以红绿灯方式预警提示，对核心业务数据的实时监控、统计分析和阈值预警，实现纪检监察巡察工作"一屏统览"和"一键调度"，全面打造"一站式"决策支持及数据分析"指挥中心"。

第二层次是典型业务应用场景分屏6个，分别展示监督工作、信访线索、执纪问责、廉洁教育、队伍建设和校内巡察 6 个方面 8 项核心业务板块的全链条工作动态,实现线上"预警—分析—处置—反馈"闭环管理。

第二层次是全校各二级单位纪检机构应用场景子屏 N 个,"一单位一屏"动态呈现本单位纪委履职情况,从而实现校院两级监督工作上下联动,有效压实基层纪检机构监督责任,同时实现对二级纪检机构工作考核的系统抓取和数据呈现,推动监督工作从"有形覆盖"向"有效覆盖"转变。

2."智慧纪检"提质增效情况

"智慧纪检"系统建设有效促进了纪检监察部门与各业务职能部门"两个责任"协同联动,极大提高了学校纪检监察工作数字化水平,全面地提升了效率、效果、效益,有力地保障了学校各项事业健康发展。

一是切实提高效率,健全监督工作早发现、早预警、早处置长效机制。探索创新监督模式,六大核心业务典型应用场景、8 项核心业务工作模块、8 个红绿灯预警模型,构成理工纪检"监督工作指数",有力破解了监督的单一路径依赖性难题和发现问题的滞后性难题,将监督、廉洁教育和督促整改与学校中心工作相结合,与党员干部和领导班子干事创业相结合。"智慧纪检"系统将监督植入业务过程,主动在业务链条中发现问题,督促在业务链条中解决问题,及时校正业务链条中的偏差,形成了主体责任和监督责任同向协同、校院两级纪检机构上下联动的良好局面,实现了监督工作由被动向主动转变,健全了监督工作早发现、早预警、早处置的长效工作机制,监督实效度不断提升。

二是全面提升效果,推动纪检监察工作规范化、法治化、正规化建设。"智慧纪检"系统建设按照管理制度化、制度流程化、流程信息化要求,倒逼业务部门和各二级单位补齐制度短板和漏洞,建设和升级业务信息系统,有效管控风险隐患,确保权力在阳光下公开透明运行,督促业务部门和二级单位切实履行监管职责。学校纪委围绕纪检业务主动完善制度,再造流程,提升专责监督水平,依据业务制度提示和处置预警、依据纪检工作制度处理信访和问题线索并预警,压实主体责任,强化自我监督,健全规章制度,规范工作流程,学校纪检工作规范化、法治化、正规化建设效果突显。2024 年系统上线运行以来,校院两级纪检机构共开展各类监督检查和廉洁教育活动

4000 余场次，干部职工遵纪守法意识明显增强，为一体推进"三不腐"奠定了坚实基础。与此同时，各二级单位主动自查自纠，严守师德师风、党规党纪红线，严格落实中央八项规定精神，严格执行学校科研经费管理、招投标制度、收入分配和人员聘用等规定，切实维护师生权益。

三是显著提质增效，实现政治效果、纪法效果、社会效果的有机统一。学校纪委对经费负责人或研究生导师进行预警提醒，有效防范可能引发重大舆情的风险。相关单位、主要负责人及责任人自觉担责履责，主动自查自纠，有效化解拆分以规避招标或规避签订合同的风险。切实秉持了"严管厚爱结合，激励约束并重"的监督执纪工作原则，有效实现了政治效果、纪法效果、社会效果的有机统一。

二、建设舆情信息系统

学校舆情信息系统实现了对学校师生思想动态的动态感知，形成舆情总量、舆情等级、处置响应、舆情话题等"红绿灯预警"，实现对校园舆情数据治理。通过深入挖掘分析舆情信息，为学校的决策提供有力支持，提高了工作效能。切实加强舆情感知预警处置，维护校园安全稳定。

1. 数据智能感知与获取

学校自主开发舆情信息系统，通过网络信息自动分析预警与人工信息导入相结合的方式，实现涉校舆情信息的数据清洗和分级分类。

2. 实现舆情"红绿灯"预警

对涉校舆情，从舆情热度、性质、官方媒体关注情况等变量维度进行二级风险评估和评分，并据此实施一般、蓝色、黄色、橙色、红色舆情五级预警。

3. 实现舆情系统派发、处置和反馈

实现系统将预警舆情信息发送至相关单位负责人，优化再造舆情派发处置流程，相关单位在规定时间进行处置结果反馈，形成舆情处置闭环管理，实现舆情处置流程智能化。

4. 智能检索、统计与反馈

实现系统对舆情信息的分类智能检索，便于了解不同检索条件下的数据信息；同时运用大数据对舆情信息进行深度挖掘、智能分析，发现价值和规律，形成舆情主题话题、关联单位排行、舆情总量以及处置反馈结果分析等，为学校有关决策提供数据参考。

5. 通过校长驾驶舱、院长驾驶舱进行决策

通过校长驾驶舱提供全校舆情基本信息，学校领导可以一键知晓全局、实现决策便捷。通过院长（处长）驾驶舱，实现本单位及全校部分舆情的实时知晓，为有关决策提供依据与参考。

舆情信息系统的建设有效促进了学校各部门之间的协同共享和工作提质增效。舆情信息分析结果为领导决策提供有力支持，提高了决策的科学性和有效性，校领导能更好地了解师生关注和需求，优化学校资源配置。各部门可以根据舆情信息开展协同工作，提高舆情解决时效，同时提高本单位工作效率。

第三节　可持续发展的财力保障

学校不断深化开源节流体制机制改革，探索实施财力保障机制改革实施方案，全力支持教育数字化转型发展。坚持以贡献求发展，进一步提升办学实力，深度服务国家战略与区域经济发展，持续争取政府投入与支持。坚持以服务促发展，进一步整合海内外优质发展资源、教育资源和创新资源，拓展国内外合作办学新项目，加强在关键核心技术研发、科技成果转化、行业教育培训、人才联合培养等方面的深层次合作共建，深入推进多方联动，引导各方力量广泛参与办学，进一步拓宽学校发展投入的社会渠道。通过建立开源节流"揭榜挂帅"机制，调动全校力量集中攻坚学校财力瓶颈，提升学校可统筹支配收入。

一、抢抓重大政策机遇，释放政策集成效应

紧跟国家政策导向，准确把握重点任务，科学研判建设需求，结合学校实际，用足用好教育领域扩大投资专项贷款、教育领域重大设备更新等政策，把钱花在刀刃上。创新政校企合作模式，引入社会资金深度融入教育基础设

施建设、智慧校园建设、科研创新等关键领域，打造智慧教育生态链。

二、积极对接主管部门，实现事业收入突破

优化招生结构，完成招生指标，全口径测算生均培养成本。精准对接国家重大项目任务、行业重大需求开展有组织科研，谋划培育大项目，重点推进交叉学科研究，力争科研项目经费取得突破，为学校提供可持续资金流。

三、完善资源共享机制，提高资源使用效益

数字孪生底座赋能智慧校园建设，跨部门整合学校各类资源。突出重大教学科研仪器设备的公共服务属性，建立开放共享的体制机制，扩大服务覆盖面，深入推进大型仪器设备专管共用、资源共享。动态调整设备、空间等资源的分配，将仪器闲置时间转化为服务收益，释放大型仪器共享红利，提升资源附加值。

四、拓展教育培训项目，拓宽社会投入渠道

拓展国际国内合作办学新项目，深入开展非全日制学历继续教育和非学历继续教育，加强行业教育培训、人才联合培养等方面的深层次合作共建，开发职业技能培训、定制化企业内训、校企共建培训、在线教育平台等多元化教育培训项目，引导各方力量广泛参与办学，拓宽学校发展投入的社会渠道。

五、创新社会引资机制，积极引导社会捐赠

构建"制度完善、渠道多元、激励有效、文化浓厚"的社会捐赠新格局，营造和建设捐赠文化氛围，开发多元化捐赠项目，构建数字化捐赠平台，激活捐赠与社会引资活力。充分发挥校友会、基金会的桥梁纽带作用，加强项目推介，积极引导校友企业及社会各界捐赠与投资，汇聚教育数字化转型发展磅礴力量。

六、完善科技创新机制，提高成果转化效能

数智赋能全力打造服务国家战略和支撑行业发展新高地，构建"科技创新—成果转化—产业应用"融通发展新机制，加快建设高水平科技创新资源体系，共同探索科技成果转化的新链路，打造学校科技成果高效能转化新生态。构建科技成果作价投资、运营增值、收益反哺的良性循环机制，助推股权转让，提升校属企业贡献度。

七、建立财会监督机制，合理管控低效支出

构建财会监督、风险识别与协同预警机制，将业务流程与内控规则嵌入信息系统，实现智能预警；健全内控机制，规范会计核算，加强过程管控；常态化开展财会监督，适时发放财务建议书和预警函，推进整改落实；建立事前防范、事中控制、事后监督的动态管理机制，对财务风险进行防范和管控，限制不合规支出与低效支出。

设立专项资金奖励数字化转型单位，鼓励各单位通过数字化转型提升管理效能与效益，进一步反哺学校数字化转型发展。坚持以效益促效能，加大资源统筹力度，全面提升资源使用效益，多渠道激发办学活力，全方位推动办学资源提质增效，为推进学校数字化转型提供强大财力保障。

第十二章　持续性完善引领新赛道的储能机制

审视人类文明的历史长河，教育数字化恰如古丝绸之路上的驼队，既需要系统规划路线图与补给站，又需要保持穿越戈壁的耐力与定力。科学系统的储能蓄力机制方能助力学校在新赛道上行稳致远。

第一节　构建"理论+实践"双驱动动力引擎

在奋力锚定"教育数字化标杆大学"建设目标的过程中，学校深刻认识到，标杆大学的数字化不是"炫技"，而是要回归教育本质。数字化转型标杆大学并非简单的技术堆砌或硬件升级，而是要通过系统性重构教育生态，在理论方面形成独到的思想理念，在实践层面形成可复制、可推广的"样板范式"。

一、高水平理论文章指引发展航向

"理论的高度决定实践的深度，思想的穿透力才是真正的核心竞争力。"在数字化浪潮重塑全球教育格局的今天，学校逐步探索出了一条"思想引领行动、学术反哺实践"的特色发展道路。学校专家团队立足教育信息化前沿，在《中国高等教育》《中国高教研究》《教育研究》等权威期刊发表了《高等教育数字化发展：内涵、阶段与实施路径》《高等教育数字化转型的路径探析》《元宇宙推动教育的全面数字化转型》等30余篇高水平理论文章，为高校数字化转型提供了重要理论指引。特别是在《国家教育行政学院学报》发表的《以"MEMS工作法"加快推进教育数字化转型——以武汉理工大学探索实践为例》为高校数字化转型工作提供重要的方法指导。学校数字化工作团队还创造性地提出"三干三效三要素"体系、数据说话ABC模型等一批具有原创性的理论框架，围绕锚定"新赛道"、善于"解方程"、聚焦"小而美"、亲绘"施工图"、会打"组合拳"、能跑"马拉松"等方面总结凝练"非常6+1"工作方法论。

二、大平台交流研讨共享发展理念

学校主要领导多次走上世界数字教育大会、世界慕课与在线教育大会等国际舞台，发出响亮的"理工声音"。积极参与国家教育数字化战略咨询委员会等智库建设，以创新的理念和深邃的洞察力引领教育数字化转型发展进程。校领导和相关职能部门负责人积极参加数字中国峰会数字教育论坛、智慧高校CIO论坛等交流研讨平台，先后在全国教育统计工作会议、中国—保加利亚大学校长论坛、中国教育后勤互联网大会、湖北省高校党建研究会第九次会员代表大会等重要会议上作交流报告，广泛宣介分享学校典型做法和宝贵经验，不断扩大学校推进教育数字化的"朋友圈"。学校典型做法入选《世界高等教育数字化发展报告》《中国智慧教育白皮书》等重大标志性发展智库。学校相继承办全国、全省教育数字化现场会，吸引了数千名政府领导、教育同行走进校园考察学习。他们对学校推进教育变革的广度、力度和速度深感震撼和鼓舞，学校的成功经验也为其他高校所借鉴。

三、高标准质量体系激发创新活力

高标准质量体系建设是教育数字化转型工作提质增效的重要保障。学校在推进转型工作落实落地过程中，狠抓质量标准体系建设。例如，在信息化项目管理过程中狠抓业务质量标准执行，明确要求场景的引领性和创新性，各项目牵头单位与企业生态不能是传统的"甲乙方"关系，而是要转换成打造创新场景的"共同体"战略伙伴。场景项目建设不能是简单的采购移植，而是要联合研发，共同打造具有行业引领性和市场竞争力的新场景和新产品。在学校相关人员的努力下，原创性地开发了人事"四定"系统、科研画像系统，创新性地打造了AI校长助理、理工百事通等应用场景。

学校在推进数字化过程中，始终坚持"有解思维"，凡事少从客观方面找理由，多从主观找办法，努力创造了一个个令人欣喜的奋斗印记。3个月建成数据中台，7天让校长驾驶舱从0到1，10天建成所有院长驾驶舱，打造全国首个AI校长助理、全国首次试点无感式本科教学审核评估，一系列"微变革"彰显着"理工速度"，驱动着"理工效能"。

第二节　立足宣传矩阵持续传递理工声音

学校强化有组织宣传，推动智慧宣传系统智能体建设。全面构建数字化宣传矩阵，学校教育数字化校外媒体报道占比从2022年的2%提升到2024年的18.31%。中央广播电视总台、人民日报、光明日报、中国日报、中国教育报、新华网、人民网等媒体和平台专题报道用大数据技术均衡优质教育资源、"一站式"线上迎新、"数据+场景"开启大学第一课、数"智"赋能教育新生态、"3S"创新大赛等学校教育数字化典型经验及特色做法，向全世界传递学校好声音。

一、智慧宣传系统智能体建设

智慧宣传系统集新闻业务平台、新媒体阵地平台、内容安全中心、宣传资源管理平台于一体，以数字赋能宣传和管理服务精准化、扁平化，实现宣传管理工作的智能化、高效化、便捷化。AI宣传助手依托学校智慧宣传系统，利用AI技术围绕有组织宣传、有分析预警、有温度服务三大应用场景展开工作，实现宣传内容精准投放，舆情动态实时感知，师生需求贴心响应，全面提升校园宣传效能。

通过对学校、学部、学院宣传情况进行分析，精准分析学校各层级、各领域宣传情况，为学校决策提供精细支持；实时感知舆情动态，及时预警潜在风险，确保校园安全稳定；根据师生需求，提供个性化宣传服务，精准"找图片"、智能"写稿件"、一键"做视频"，以智能化手段提升宣传效率。目前，AI宣传助手支持PC端与移动端多方协作，提供语音、文字双模交互渠道，并通过智能比对本地与联网数据，精准分析宣传效果。该系统助力校园文化实现多渠道、多形式传播，最终构建以数据驱动、智能协同为核心的智慧校园宣传新生态。

二、数字化宣传矩阵全面构建

学校强化有组织宣传，建立重大主题策、采、编、审、发工作机制，依托学校智慧宣传系统，各科室协同作战，校园"报、网、端、微、屏"全流程融合，对内对外新闻宣传实现"一次采集、多元生成、多端发布、立体传播"融媒体新闻生产传播格局，主流舆论阵地持续巩固，对内对外宣传矩阵更加完善，宣传思想工作实现提质增效。

学校党委宣传部通过AI驱动宣传画像，聚焦提高学校服务教育强国建设的影响力，从教育数字化、党建思政、人才培养、科学研究及成果转化、师生典型、合作共建、服务社会、校园文化8个方面对校内外宣传报道进行分类，对学校、学部、学院宣传情况进行分析，精准分析学校各层级、各领域宣传情况，为学校决策提供精细支持。

三、宣传工作精准定位，靶向发力

在智能体的驱动下，围绕学校聚焦数字化、国际化战略，聚焦服务人才培养和一流学科建设等重点工作，学校强化有组织新闻宣传，精心谋划部署，积极与社会主流媒体合作，抓住重大活动契机，有计划、有重点、多形式地进行形象宣传，着力策划宣传学校教育数字化经验做法，在国家及省市级权威媒体推出一批有温度、有亮度、有厚度的宣传报道，持续传递好学校声音，讲好学校教育数字化转型发展故事。

2022年，《经济日报》、《中国青年报》、《中国教育报》、中国网信网分别以《深入推进教育数字化转型》《教育的全面数字化转型已成必然趋势》《教育数字化战略重塑新时代高等教育》《〈"十四五"国家信息化规划〉专家谈：加快教育信息化　支撑终身数字教育》为题专访学校主要领导谈教育数字化。同年5月，学校召开高质量人才培养与招生就业大会，围绕"深入实施数字化战略行动，全面赋能教育教学高质量发展"主题，发布以教育信息化为引擎，促进学校教育教学高质量发展的"5·30"行动计划，打造学校高质量人才培养与招生就业新生态。光明日报客户端、中国青年报客户端、湖北日报客户端分别以《连接　开放　共享　个性化：学校构建教育新生态》《武汉理工大学发布人才培养"三十条"行动计划》《武汉理工大学召开高质量人才培养与招生就业大会》等为题对大会及"5·30"行动计划进行报道。

2023年，《光明日报》《经济日报》《中国高等教育》《湖北日报》分别以《数字教育的内涵、发展目标与路径》《构建开放共享的全球数字教育生态》《高等教育数字化发展：内涵、阶段与实施路径》《推进教育数字化是一场全局性变革》等为题刊发校长关于教育数字化的专访和理论文章。同年6月，2023年全国教育数字化现场推进会在学校举行，中央广播电视总台以《推进教育数字化　数字化赋能　让教与学更智慧》报道学校教育数字化典型做法；《中国教育报》头版以《武汉理工大学把主题教育与学校数字化建设紧密结合——以学促干破解发展难题》为题，报道学校主题教育与学校数字化建设工作；湖北省教育厅官微以《探秘湖北校园里的教育数字化转型"新板眼"》为题报道学校上线校长、处长和院长"三级链接"的"数据驾驶舱"。9月，新生入学，光明日报客户端、湖北日报客户端、湖北卫视长江云等媒体平台分别以《武汉理工大学启用现场报到调度驾驶舱迎新》《新生需求尽收眼底　武汉理工大学启用调度驾驶舱迎新》《智能迎新！湖北一高校启动"新生报到驾驶舱"开启新学年》等为题报道学校启用调度驾驶舱迎新。12月，《中国教育报》头版头条以《武汉理工大学创新教育数字化应用路径——虚实相融合育人添动能》为题，报道学校主动适应人才培养新要求，将教育数字化作为学校高质量发展的重要引擎，创新办学模式、育人方式和保障机制，数字赋能培养卓越人才取得实效。

2024年，中国青年报、中国教育报、教育部微言教育、中国教育电视台、光明社教育家等媒体平台分别以《塑造数字教育发展新优势》《谈智能时代高校人才培养的新使命》《以国家智慧教育公共服务平台为抓手　推动数字教育高质量发展》《未来每个学生都能拥有自己的数字教师》等为题刊发校长关于教育数字化的专访和理论文章。同年3月，中央广播电视总台以《科技创新　让生活更美好　大数据技术让优质教育资源更均衡》为题报道学校用大数据技术均衡优质教育资源的典型做法，教育部微言教育以《央视点赞！他们用数字孪生技术，上好仿真实验课》刊发。同年6月，《中国教育报》头版以

《技术来赋能 课堂更生动》为题，刊发学校数字赋能"大思政课"实践转型升级的经验做法。同年9月，中央广播电视总台、光明日报、中国教育报、新华网、人民网等媒体分别以《开学在即 湖北 高校推出线上迎新可提前缴费选宿舍》《数智助力、实时感知 武汉理工大学迎新驾驶舱上新了》《武汉理工大学"数据+场景"开启大学第一课》等为题报道学校"一站式"线上迎新及"数据+场景"开启大学第一课。同年12月，中央广播电视总台的《朝闻天下》栏目报道校长参加2024世界慕课与在线教育大会，会上提出了"智慧教育元年"的概念，教育场景从师生转变为师-机-生场景的教育。

2025年以来，《中国教育报》以《人工智能开启高等教育发展新纪元》为题刊发校长署名文章；教育部微言教育以《实施国家数字化教育战略》为题刊发校长专访。光明日报客户端、中国日报网、中国科技网、中国教育报客户端、湖北日报客户端、湖北卫视长江云、极目新闻、大武汉客户端、武汉教育电视台等媒体平台分别以《武汉理工大学发布"AI+教育"智能体矩阵》《武汉理工大学发布多种自研 DeepSeek 智能体》等为题报道学校发布 AI 校长助理 2.0 及教育数字化改革成效；《中国教育报》头版"高教综改进行时"专栏以《武汉理工大学积极探索"人工智能+教育"办学模式 数"智"赋能教育新生态》为题，报道学校教育数字化典型做法。

第三节 构建基于 UGBS 的协同赋能机制

学校构建 UGBS（University-Government-Business-School）协同赋能机制的动因源于智能时代对高等教育系统性变革的需求，旨在通过"大学-政府-企业-社会"的深度联动，构建数字化转型的生态化支撑体系，如图 12-1 所示。

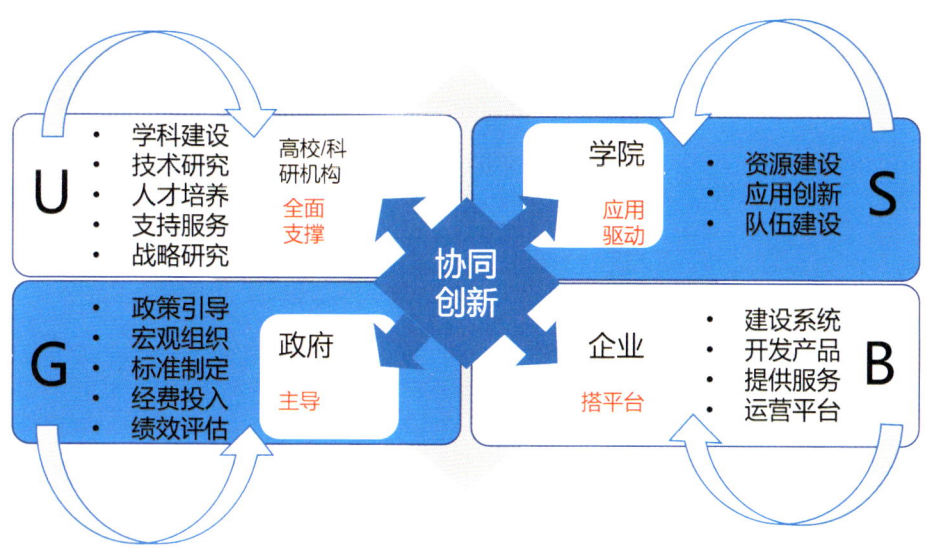

图 12-1 "政产研用"多方支持的"UGBS"协同创新模式模型

这一机制以数据驱动为核心,通过打破组织边界、重构资源配置逻辑,形成"需求共商、资源共享、责任共担、成果共创"的协同创新模式。

一、校际协同促共享,跨域联动积动能

学校充分发挥数字化转型标杆高校的示范引领作用,以开放姿态迎接兄弟院校调研交流,系统梳理关键问题并形成"理工一百问"知识库,为智慧校园建设提供实践参考。学校与华中师范大学、中南财经政法大学等高校构建了深度协同网络,通过"双空间"场域实现课程互选、学分互认及教师互聘。依托理工智课平台,三方联合共享课程 217 门,累计选课超 6000 人次,并共建微专业 14 个,覆盖人工智能、大数据等前沿领域。合作中,教师跨校授课比例显著提升,学生可通过虚拟现实(VR)和增强现实(AR)技术参与异地课堂,打破时空限制。此类实践不仅优化了资源配置,还通过"无边界"教学模式培养了学生的跨学科能力,为区域高等教育协同发展提供了范例。

二、政校协同筑生态，区域共建促创新

学校与政府的合作聚焦"国家战略需求+区域产业升级"，形成"共建平台、共担项目、共享成果"的协同模式。例如，与湖北省人民政府共建"数字底座"，统筹智慧城市与教育信息化项目；与武汉市经开区合作设立"三院"（人工智能研究院、新材料研究院、智能交通研究院），推动科技成果转化；与襄阳市人民政府共建"湖北隆中实验室"，聚焦先进车用材料领域，累计获批开放基金项目139项，孵化科技企业27家，其中"大型汽车构件增材再制造技术"实现产业化突破，带动襄阳新能源汽车产业新增产值14.2亿元。在异地示范区建设上，襄阳示范区累计吸引4500余名师生入驻，联合企业建立109个创新基地；与海南合作打造"三亚科教园"；广东佛山示范区聚焦智能制造，与当地企业合作开发工业机器人视觉系统，技术转化率达78%。此类合作不仅提升了学校的社会服务能力，还通过"数字孪生底座"技术实现了全国16个异地园区的数据互联与治理协同。

三、校企协同攻技术，产教融合树标杆

学校与互联网头部企业建立"联合实验室+产业学院+人才培养基地"的立体化合作模式，共同打造全域数据采集、感知、分析体系，对涉及学校发展的70个关键数字化指标进行动态感知—分析—评估，共同启动"人工智能+教育"行动，共建智慧教育大模型，打造AIMind知识图谱、AI学伴、AI爱阅书伴等六大标杆应用场景，促进学生的全面发展和个性化学习，并着手合作打造"元宇宙大学"，构建虚拟教学场景，覆盖学生1.2万余人。

学校数字化工作团队积极开展AI数创思享荟系列走访活动，围绕数据治理、数据驾驶舱深度应用、全域数据感知体系、"AI+数据"创新应用场景等前沿领域展开深度交流，以人工智能技术深度赋能教育数字化转型。

四、学院协同强交叉，数字赋能启新篇

校内各学院以"学科+数字化"为导向，形成特色鲜明的创新模式。材料科学与工程学院构建"材料+"大模型，融合学科资源与企业数据，开发自适

应学习平台，服务师生超 3000 人，获教育部"人工智能+高等教育"典型案例。体育学院"智慧体测中心"通过物联网技术实现体测数据实时分析，生成个性化运动处方，助力学生体质健康达标率连续两年超过 90%。汽车工程学院依托"未来学习中心"，搭建无人驾驶矿车远程操作平台，学生参与率达 80%。信息学院率先试点研发 AI 数据助手，深度融合智能数据检索、自然语言交互式问答以及自动化数据分析三大创新功能模块，为用户提供智能化、高效化的数据服务体验。

学校依托 UGBS 协同赋能机制，创新打造"全域感知、数据贯通、智能决策"的智慧教育生态，形成"四维协同"创新范式，为高校数字化转型提供了具有示范价值的实践路径。该机制通过突破组织壁垒和重构资源配置模式，系统推进教育链、人才链与产业链、创新链的深度融合，为高等教育在智能时代的变革提供了可复制、可推广的系统解决方案。

参 考 文 献

[1] 新华社.习近平主持中共中央政治局第二次集体学习[EB/OL].(2017-12-09)[2025-03-18].https://www.gov.cn/guowuyuan/2017-12/09/content_5245520.htm.

[2] 新华社.习近平看望参加政协会议的医药卫生界教育界委员[EB/OL].(2021-03-06)[2025-03-18].https://www.gov.cn/xinwen/2021-03/06/content_5591047.htm.

[3] 怀进鹏.携手推动数字教育应用共享与创新[J].中国教育网络,2024(1):1-3.

[4] 怀进鹏.数字变革与教育未来[N].中国教师报,2023-02-15(01).

[5] 吴岩.打造引领世界高等教育数字化发展风向标《无限的可能:世界高等教育数字化发展报告》序言一[J].中国教育信息化,2023,29(1):3-4.

[6] 深度融合:无处不在的变革《无限的可能:世界高等教育数字化发展报告(2023)》节选一[J].中国教育信息化,2024,30(1):6-17.

[7] 世界高等教育数字化发展指数(2023)《无限的可能:世界高等教育数字化发展报告(2023)》节选四[J].中国教育信息化,2024,30(1):48-70.

[8] 教育部.2024年全国教育工作会议召开[EB/OL].(2024-01-11)[2025-04-18].http://www.moe.gov.cn/jyb_xwfb/gzdt_gzdt/moe_1485/202401/t20240111_1099814.html.

[9] 教育部.国家教育数字化战略行动2025年部署会召开[EB/OL].(2025-03-28)[2025-04-18].http://www.moe.gov.cn/jyb_zzjg/huodong/202503/t20250328_1185222.html.

[10] 教育部.2025年1月教育信息化和网络安全工作月报[EB/OL].(2025-02-28)[2025-04-18].http://www.moe.gov.cn/s78/A16/gongzuo/gzzl_yb/202502/

t20250228_1180690.html.

[11] 中国教育科学研究院.中国智慧教育蓝皮书(2022)[M].北京:教育科学出版社,2023.

[12] 教育部,中央网信办,国家发展改革委,等.《教育部等九部门关于加快推进教育数字化的意见》[EB/OL].(2025-04-11)[2025-04-18].https://www.gov.cn/zhengce/zhengceku/202504/content_7019045.htm.

[13] 微信公众号"微言教育".2024世界数字教育大会在上海开幕[J].现代教育技术,2024,34(2):1.

[14] 联合国教科文组织.教育数字化转型的六大支柱:通用框架[J].开放学习研究,2024,29(6):1-8,19.

[15] 杨宗凯.教育新基建:高质量教育体系的支撑力量[M].北京:科学出版社,2021.

[16] 杨宗凯.教育的全面数字化转型已成必然趋势[N].中国青年报,2022-04-11(5).

[17] 杨宗凯.教育数字化战略重塑新时代高等教育[N].中国教育报,2022-09-01(7).

[18] 杨宗凯.推进技术与教育教学的深度融合[N].人民日报,2022-11-20(5).

[19] 杨宗凯.推进教育数字化是一场全局性变革[N].湖北日报,2023-07-20(12).

[20] 杨宗凯.开辟新赛道 塑造新优势 推动高等教育数字化变革走向深入[N].光明日报,2023-12-26(14).

[21] 杨宗凯.塑造数字教育发展新优势[N].中国青年报,2024-02-19(5).

[22] 杨宗凯.智能时代高校人才培养的新使命[N].中国教育报,2024-04-06(04).

[23] 杨宗凯.紧抓任务落实 促进高质量成果转化[N].科技日报,2024-12-20(05).

[24] 杨宗凯.人工智能开启高等教育发展新纪元[N].中国教育报,2025-01-13(09).

[25] 杨宗凯,王俊,王美倩.数字化转型推动外语教学创新发展[J].外语电化

教学,2022(05):3-5,105.

[26] 杨宗凯,王俊,吴砥,等.发展智能教育学 推动教育可持续发展[J].电化教育研究,2022,43(12):5-10,17.

[27] 杨宗凯.元宇宙推动教育的全面数字化转型[J].教育研究,2022,43(12):23-26.

[28] 杨宗凯.高等教育数字化发展:内涵、阶段与实施路径[J].中国高等教育,2023(2):16-20.

[29] 杨宗凯.高等教育数字化转型的路径探析[J].中国高教研究,2023(3):1-4.

[30] 杨宗凯,王俊,吴砥,等.ChatGPT/生成式人工智能对教育的影响探析及应对策略[J].华东师范大学学报(教育科学版),2023,41(7):26-35.

[31] 杨宗凯.在中国教育学指引下推进教育数字化[J].教育研究,2023,44(7):12-16.

[32] 杨宗凯.秉持"3I"新理念纵深推进教育数字化[J].中国远程教育,2024,44(12):3-14.

[33] 杨宗凯.以"MEMS 工作法"加快推进教育数字化转型:以武汉理工大学探索实践为例[J].国家教育行政学院学报,2024,(7):75-79.

[34] 杨宗凯.从"3C"走向"3I":推动高等教育数字化纵深发展[J].中国高教研究,2024,(4):1-6.

[35] 杨宗凯.以国家智慧教育公共服务平台为抓手 推动数字教育高质量发展[J].人民教育,2024,(5):49-52.

[36] 杨宗凯.教育科学研究的资助体系与发展趋势[J].中国科学基金,2024,38(2):263-270.

[37] 杨宗凯.高等教育数字化发展:新特征、新范式与新路径[J].中国高等教育,2024,(Z1):24-28.

[38] 杨宗凯.以数字化夯实教育强国基点[J].中国教育学刊,2024,(2):1.

[39] 杨宗凯. 高等教育数字化的新特征 新范式 新路径[J].中国教育网络,2024,(1):19-20.

[40] 杨宗凯.新一代信息技术驱动的教育评价改革[J].中国考试,2024,(1):14-16.

附录 1　数字图表

图 1-1　知识与数据双驱动模型 / 3

图 1-2　教育数字化的历史进程 / 4

图 1-3　学校稳步推进数字化战略行动的重要脉络 / 5

图 1-4　UNESCO 发布的教育数字化转型六大支柱 / 7

图 1-5　武汉理工大学教育数字化转型的六大支柱框架体系 / 8

图 1-6　中国共产党武汉理工大学第四次代表大会明确"全力建设数字化转型标杆大学" / 12

图 1-7　数字化转型战略列入学校第二个中长期发展战略规划 / 13

图 1-8　学校数字化转型"1-3-4-10"框架体系 / 14

图 1-9　学校"5·30"行动计划框架图 / 14

图 1-10　提出高校数字化变革新标准的理论架构 / 15

图 1-11　构建连接、开放、共享、无边界的办学模式 / 16

图 1-12　以学生为中心的教育新生态 / 17

图 1-13　数字化支持扁平化管理体制机制的原理图 / 17

图 1-14　教育数字化转型"数字基座"的保障机制支撑 / 18

图 1-15　优化部门职能推动职能转变的整体框架 / 20

图 1-16　推动教育数字化转型的四驾马车 / 21

图 1-17　学校信息化工作"周推进会" / 22

图 1-18　网络安全与信息化工作领导小组会议 / 23

图 1-19　校长—处长—院长"三级链接"领导驾驶舱 / 24

图 1-20　面向未来数字化教师的角色转变 / 26

图 1-21　学校动车文化释义图 / 27

图 1-22　数字化 IP 形象"智思特" / 28

图 2-1　高性能计算平台拓扑图 / 31

图 2-2　核心、楼栋、桌面的网络分层架构图 / 33

图 2-3　数据驱动大学治理指数模型 / 36

图 2-4　"1234"数据治理框架体系 / 37

图 2-5　四级数字资源架构 / 38

图 2-6　智慧教室环境实景图 / 40

图 3-1　全域数据感知体系架构 / 43

图 3-2　学校数字化支撑平台融合协同架构图 / 46

图 3-3　理工智课数智一体化教学平台整体架构 / 48

图 5-1　智能时代的"德育为先、能力为重、知识为基"教育支撑体系 / 65

图 5-2　数字化重塑人才培养"基因图谱" / 66

图 5-3　数字化重塑人才培养"新标准" / 67

图 5-4　学生综合能力和能力素养指标 / 67

图 5-5　理工智课、智播、理工智巡平台逻辑关系 / 68

图 5-6　理工智课平台数据驾驶舱 / 71

图 5-7　全校在线课程访问量 / 71

图 5-8　混合式课程与翻转课堂实施情况 / 72

图 5-9　理工智能学伴架构图 / 73

图 5-10　课堂教学智能分析评价示意 / 74

表 5-1　微专业情况一览表 / 75

图 5-11　学校微专业群整体框架 / 76

图 5-12　教学与实验全教学场景整体运行架构图 / 79

图 5-13　"让每个学生更卓越"质保理念图 / 84

图 6-1　科研管理与服务系统架构 / 93

图 6-2　"材料+"大模型的构建思路 / 96

图 6-3　智能推荐子系统架构 / 98

图 7-1　"红绿灯"计划数据分析预警模型 / 104

图 7-2　外事综合管理信息系统架构 / 110

图 7-3　考核工作与数据协同流程图 / 121

图 8-1　学校校友信息化平台总体设计架构 / 130

图 9-1　学校人事"四定"分析服务系统过程管理考核流程图 / 134

图 9-2　学校年终绩效驾驶舱设计布局 / 138

图 9-3　教师职称评审学科画像 / 141

图 10-1　AI 素养测评体系 / 146

图 10-2　AI 技能测评框架 / 147

表 11-1　武汉理工大学数字化工作制度统计表 / 159

图 12-1　"政产研用"多方支持的"UGBS"协同创新模式模型 / 173

附录2　部分主流媒体报道

1. 【央视新闻】科技创新　让生活更美好 大数据技术让优质教育资源更均衡

   链接：https://tv.cctv.cn/2024/03/18/VIDECnflwD0Gcp6vf04iKTT2240318.shtml

2. 【央视新闻】2024世界慕课与在线教育大会提出全球高等教育进入"智慧教育元年"

   链接：https://tv.cctv.cn/2024/12/14/VIDEBAoWBn1bpCoD1uVOKapO241214.shtml

3. 【央视新闻】开学在即　湖北高校推出线上迎新 可提前缴费选宿舍

   链接：https://tv.cctv.cn/2024/08/26/VIDEs06M0x8BtuAbi4lg33qJ240826.shtml? spm=C45404. PCHhhgX3efBE. Ev0XVtu8CoWN. 108

4. 【央视新闻】推进教育数字化　数字化赋能　让教与学更智慧

   链接：https://tv.cctv.com/2023/06/26/VIDE3khpylsEYROwKhSWJYgZ230626.shtml

5. 【新华网】武汉理工大学举办2024年新生开学典礼暨开学第一课

   链接：http://education.news.cn/20240914/e179f32d8d774cd69b973f2d9ea318cb/c.html

6. 【人民网】武汉理工大学"数据+场景"开启大学第一课

   链接：http://app.people.cn/h5/detail/normal/5974121960342528

7. 【光明日报客户端】武汉理工大学"数据+场景"，开启大学第一课

   链接：https://app.guangmingdaily.cn/as/opened/n/ff544f719e654df4a8604e0676b5456e

8. 【光明日报客户端】连接　开放　共享　个性化：武汉理工大学构建教育新生态

   链接：https://app.gmdaily.cn/as/opened/n/056a9166f7c64077b6776f1b997ebb7a

9. 【光明日报】数字教育的内涵、发展目标与路径

   链接：https://epaper.gmw.cn/gmrb/html/2023-03/14/nw.D110000gmrb_2023

0314_2-15.htm

10. 【光明日报客户端】武汉理工大学启用现场报到调度驾驶舱迎新

链接：https://app.gmdaily.cn/as/opened/n/ddd2b5a472c2446f82de2ffcf274049c

11. 【光明日报客户端】武汉理工大学数"智"助力本科迎新

链接：https://app.gmdaily.cn/as/opened/n/9ab2861cc62942b8a01a1070955 4d091

12. 【光明日报客户端】武汉理工大学发布"AI+教育"智能体矩阵

链接：https://app2.gmdaily.cn/as/opened/n/0a1a13ecec9942a7b79934e599e 83288

13. 【光明社教育家】武汉理工大学校长杨宗凯：未来每个学生都能拥有自己的数字教师

链接：https://mp.weixin.qq.com/s/m5T3p2R92d_sifVWQO9ZxA

14. 【光明网】连接 开放 共享 个性化：武汉理工大学构建教育新生态

链接：https://share.gmw.cn/difang/hb/2022-05/27/content_35769382.htm

15. 【经济日报】深入推进教育数字化转型

链接：http://paper.ce.cn/pc/content/202209/09/content_260682.html

16. 【经济日报】杨宗凯：数字技术带来机遇与挑战

链接：http://paper.ce.cn/pc/content/202303/07/content_270253.html

17. 【中国日报网】武汉理工大学"数据+场景"开启大学第一课

链接：https://hb.chinadaily.com.cn/a/202409/14/WS66e56feaa310a792b3 abc581.html

18. 【中国日报网】武汉理工大学发布 AI 校长助理 2.0

链接：https://hb.chinadaily.com.cn/a/202504/01/WS67ebe5c4a310e29a7c 4a73dd.html

19. 【China Daily】New guideline stresseson Al-based education

链接：https://enapp.chinadaily.com.cn/a/202504/18/AP680184c3a310272bf4e2f 00e.html

20. 【中国科技网】武汉理工大学发布 AI 校长助理 2.0

链接：https://www.stdaily.com/web/gdxw/2025-04/01/content_318562.html

21. 【中国青年报客户端】武汉理工"3S"场景体验暨学生作品展示精彩纷呈

    链接：https://s.cyol.com/articles/2024-05/05/content_Mbop35In.html?gid=Q3Dlb12g

22. 【中国青年报】教育的全面数字化转型已成必然趋势

    链接：http://zqb.cyol.com/html/2022-04/11/nw.D110000zgqnb_20220411_3-05.htm

23. 【中国青年报客户端】武汉理工大学发布人才培养"三十条"行动计划

    链接：https://s.cyol.com/articles/2022-05/27/content_DWLjnZh3.html

24. 【中国青年报】塑造数字教育发展新优势

    链接：http://zqb.cyol.com/html/2024-02/19/nw.D110000zgqnb_20240219_2-05.htm

25. 【中国教育报】以学促干破解发展难题

    链接：http://paper.jyb.cn/zgjyb/html/2023-06/16/content_625539.htm?div=-1

26. 【中国教育报】教育数字化战略重塑新时代高等教育

    链接：http://paper.jyb.cn/zgjyb/html/2022-09/01/content_613380.htm?div=-1

27. 【中国教育报】智能时代高校人才培养的新使命——专访教育部教育数字化专家咨询委员会主任委员、武汉理工大学校长杨宗凯

    链接：http://paper.jyb.cn/zgjyb/html/2024-04/06/content_637470.htm?div=-1

28. 【中国教育报客户端】武汉理工大学："数智"迎新提升服务满意度

    链接：https://share.app3.jyb.cn/news_d/af37c5b37b592d508781ed7c3baa6208?from=UC92azc3djZYbnBlb2NaNkRvdVR4VUFwKz U2TTZ1bFE5Unk2ckpIaEMzWVVtV3RqQVZXQkc4VUhPSHFOT3ZDeA%3D%3D&_refluxos=a10

29. 【中国教育报】武汉理工大学积极探索"人工智能+教育"办学模式 数"智"赋能教育新生态

    链接：https://paper-jyb-cn.webvpn.imac.edu.cn/zgjyb/html/2025-04/05/content_144740_18412145.htm

30. 【中国教育报】身怀"三头四驱六臂八般武艺"这所大学的"校长助理"本领强

链接：https://share.app3.jyb.cn/paper_d/b8be143dd10ce6e73b7fa31de91912 1a?from=UC92azc3djZYbnBlb2NaNkRvdVR4WlE1V2JaVkdEb09YYUN DQWVhbERyUUJhSHd3cEppODZPK2hKdng0eVNzRQ--

31. 【中国教育报客户端】武汉理工大学发布 AI 校长助理 2.0

    链接：https://share.app3.jyb.cn/news_d/fea96b16f8c00199ca7690787aa67378? from=UC92azc3djZYbnBlb2NaNkRvdVR4ZUJCVnpxdndsL2RaY2F6R 3Q5WGpPZ0hQaVYweGdpOUJsWTlheDhGb2N5Yg%3D%3D&_refluxos=a10

32. 【微言教育】央视点赞! 他们用数字孪生技术，上好仿真实验课!

    链接：https://mp.weixin.qq.com/s/ODrmAIRgsqVxIOMLnrNyMg

33. 【微言教育】杨宗凯：以国家智慧教育公共服务平台为抓手推动数字教育高质量发展

    链接：https://mp.weixin.qq.com/s/SUcdn8YuDRVTAYuUhIP18w

34. 【中国教育电视台育见新闻】国家智慧教育公共服务平台：打造数字教育新引擎

    链接：https://mp.weixin.qq.com/s/ifoicJQIaexDZZrNzaAzhQ

35. 【中国教育电视台育见新闻】深度解读 | 智能时代，高等教育如何变革？

    链接：https://mp.weixin.qq.com/s/66Kv3t2Mvuljo2A5KcTKUA

36. 【中国高等教育】杨宗凯：高等教育数字化发展：内涵、阶段与实施路径

    链接：https://mp.weixin.qq.com/s/yOUvf0uaHrUaQFpGZ7LZyQ

37. 【中国网信网】加快教育信息化　支撑终身数字教育

    链接：http://www.cac.gov.cn/2022-03/08/c_1648363725755324.htm

38. 【交通强国】数字赋能 打造交通运输领域国家战略科技力量

    链接：https://pub.zgjtb.com/jtqg/template/displayTemplate/news/newsDetail/15051/454315.html?isShare=true

39. 【湖北省教育厅】数字教育看湖北|虚实融合让课堂更生动，这所大学每个学生都有了"数字老师"

    链接：https://mp.weixin.qq.com/s/nGW8vwnnWGLYx1CxQrbsjA

40. 【湖北日报客户端】武汉理工大学召开高质量人才培养与招生就业大会

    链接：http://news.hubeidaily.net/hubeidailyshare/#/index_share?contentType=5&contentId=965104&cId=0

41.【湖北日报】推进教育数字化是一场全局性变革

链接：https://epaper.hubeidaily.net/pc/content/202307/20/content_234679.html

42.【湖北日报客户端】新生需求尽收眼底 武汉理工大学启用调度驾驶舱迎新

链接：https://news.hubeidaily.net/hbrbsharenew/news_detail/5/338385/0/1

42.【湖北日报客户端】数智助力、实时感知 武汉理工大学迎新驾驶舱上新了

链接：https://news.hubeidaily.net/hbrbsharenew/news_detail/5/3094095/2777571/0?w=1725705061951

44.【湖北日报客户端】给宿舍楼"拍 X 光片" AI 精准提升面试能力——武汉理工 3S 嘉年华精彩纷呈

链接：https://news.hubeidaily.net/hbrbsharenew/news_detail/5/2562298/2309578/0?w=1714350704906

45.【湖北日报客户端】武汉理工大学举行 2024 级新生开学典礼暨开学第一课

链接：https://news.hubeidaily.net/hbrbsharenew/news_detail/5/3120466/2802566/0?w=1726275128550

46.【湖北日报客户端】武汉理工大学发布 AI 校长助理 2.0 多个 "AI+教育" 智能体同步上线

链接：https://news.hubeidaily.net/hbrbsharenew/news_detail/5/3827367/3465451/0?w=1743509860758%3Fuik%3DF6RkGjrc&share_plat=wechat&sec=8d8b74e4&uik=gD7Uoatp&contentType=5

47.【湖北省教育厅官微】探秘湖北校园里的教育数字化转型 "新板眼"

链接：https://mp.weixin.qq.com/s/5-hibzIlm_WMns2yuG7y2w

48.【湖北省教育厅微信】武汉理工大学积极探索 "人工智能+教育" 办学模式 数 "智" 赋能教育新生态

链接：https://mp.weixin.qq.com/s/A6MNJpcEcHZPeT0BIoKIyQ

49.【湖北卫视】智能迎新！湖北一高校启动 "新生报到驾驶舱" 开启新学年

链接：https://m.hbtv.com.cn/p/2677983.html

50.【湖北卫视】专家学者线上探讨教育数字化转型 "2023 未来教育峰会" 成功召开

链接：https://news.hbtv.com.cn/p/2343060.html

后　　记

　　武汉理工大学的数字化转型之路，是一场没有现成地图的探索之旅。它不是简单的技术叠加，而是一场从思维模式到组织文化的深层变革。有位老教授曾感慨："黑板粉笔是我四十年的伙伴，但当我看到虚拟仿真课堂里学生发亮的眼睛时，我知道教育正在新生。"这种代际传承中的突破与坚守，恰是本书最想传递的温度。

　　在成书过程中，我们深刻体会到，数字化转型的本质是"人的转型"。从智慧教室的人机协同到数据驱动下的流程再造，从师生数字素养的培植到育人方式、办学模式、管理体制、保障机制的改革创新，每一个场景背后都是武汉理工人敢为人先的躬身实践。

　　付梓之际，亦是感恩之时。在此要感谢教育部、湖北省和社会各界对学校数字化工作的关心和帮助。感谢武汉理工大学党委全力支持学校的数字化转型工作。感谢近三年来分管数字化工作的校领导，不遗余力地推进学校的数字化战略行动落实落地。感谢分管其他业务的校领导，他们在各自分管领域全力推进数字化转型工作。感谢各职能部门和直附属单位的一线工作者。感谢学校党政办、智能运行中心、组织部、宣传部、纪委监察处、学工部、工会、团委、规划与学科办（高等教育发展与政策研究院）、本科生院、研究生院、科发院、人事处、国际处、信息化办、财务处、评估处、后管处、社会合作处、采招办、科技转化中心、图书馆、档案馆、网络中心、后勤集团等单位，还有各教学科研单位，他们凝心聚力、齐心协力地推进数据驱动和协同共享，为本书的内容提供了大量素材。

　　本书虽力求系统展现武汉理工大学数字化转型全景，但我们深知，教育数字化是永不停歇的进化过程。元宇宙教学的虚实融合、人工智能助教的伦理边界、数字孪生校园的深度应用……这些正在探索中萌芽的"未来切片"，或许将在续篇中绽放更耀眼的光彩。

最后，愿这本凝结集体智慧的著作，不仅能成为高校数字化转型的参考样本，更能化作思想的火种。当更多教育工作者在数字时代的教育探索中寻找方向时，愿武汉理工大学的探索经验能照亮前路，让技术之能与育人之真，在新时代的大学殿堂里共鸣交响。

是为记。

2025 年 5 月

于武汉理工大学马房山